「一番」という生き方

95か月連続
No.1を続ける
私の自己ブランディング術

桜井野の花

光文社

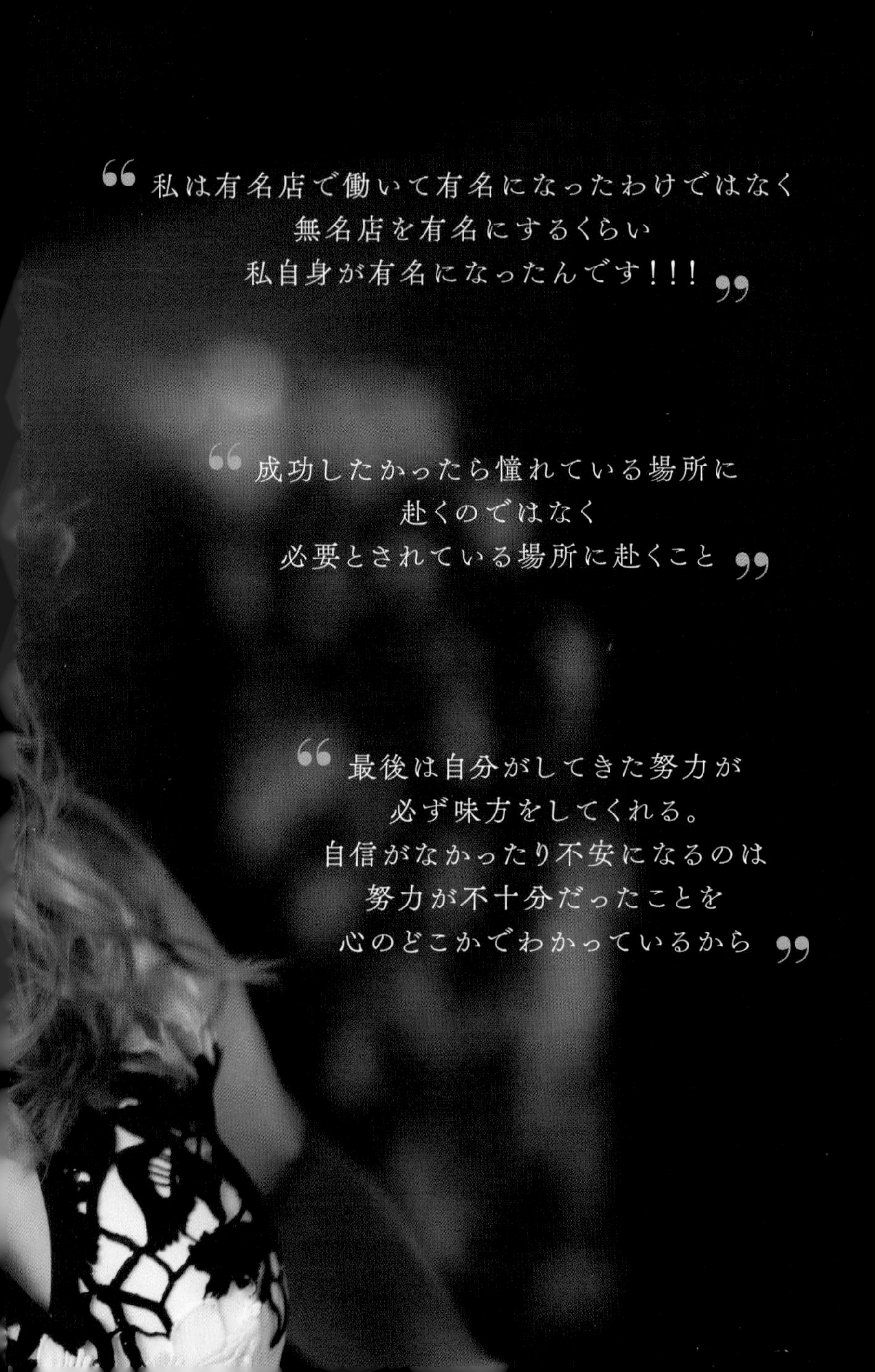

“私は有名店で働いて有名になったわけではなく
無名店を有名にするくらい
私自身が有名になったんです!!!”

“成功したかったら憧れている場所に
赴くのではなく
必要とされている場所に赴くこと”

“最後は自分がしてきた努力が
必ず味方をしてくれる。
自信がなかったり不安になるのは
努力が不十分だったことを
心のどこかでわかっているから”

“何度失敗したって
いいじゃん。
勝つまでやれば
いいだけの話”

今回、本を書こうと思ったのは、私がどういう戦略を立てて今のポジションまでたどり着いたのかを、記録として残しておこうと思ったからです。具体的には〝一番になるための自己ブランディング〟の方法を書き記していきます。

・自分をどうブランド化し、どう売り込んできたか。
・ブランドを維持し、お客様を離さないために何をし続けてきたか。

そんなところを書きたいと思っています。

今、キャバクラで頑張っている子たちだけに限らず、ナンバーワンを目指す、あらゆる業種、あらゆる年齢の方に向けて書きました。
私自身、ナンバーワンであり続けることを誇りに思っています。そして、ナンバーワンでなければ意味がない——それが、私の自己ブランディングの根底にあります。もう、一番じゃなきゃ生きてる価値がない！なんて言うと、ちょっと大げさですが、とにかくいつもそのくらいの強い気持ちをもって、毎晩歌舞伎町の荒波の中を泳いでいます。

そんな【桜井野の花】という生き方から、何か少しでも感じ取っていただけるものがあれば、こんなに嬉しいことはありません。

CONTENTS

CHAPTER 3
ブランドを定着させる〝継続力〟

CHAPTER 4

【桜井野の花】を形づくるもの

CHAPTER 1

【桜井野の花】はブランドです

ブランディングをしなくちゃ、もったいない

ここ数年でよく耳にするようになった「ブランディング」という言葉があります。ビジネスの世界では、当たり前のように使われていますよね。

簡単に言えば、**ブランド化をすることで、イメージや価値を高める**って話です。

例えば、同じような品質のバッグでも、「ルイ・ヴィトン」のほうがノーブランドの商品より人気があって値段も高い。それは、みんなが「ルイ・ヴィトン」というブランドの価値を認めているからです。

この「ブランディング」という戦略は、バッグや洋服などの商品を販売する会社だけが行っているわけではありません。一個人でも応用ができます。

自己ブランディングは誰でもできる

イメージを大切にする芸能人はもちろんですが、最近ではユーチューバーや若い起業家、経営者といった人たちも、みんなしっかり自分をブランディングして、〝こういう人間だ〟って発信して有名になっていっていますよね。

有名になれば、もちろん時には批判とか中傷もあるけれど、とりあえず注目を集めることができます。その結果、会社やお店にたくさんのお客様を集めることができたり、ユーチューブチャンネルにたくさんの人が訪れて広告収入も増えたりする。

しかも、インターネットサービスの普及によって、そういった個人的な自己ブランディングを誰もが可能な時代になっています。

ブログやSNSを通じて自己を表現して自分の能力をたくさんの人に伝え、それをたくさんの人に認めてもらえる、そんな時代に、自己ブランディングしないなんて本当にもったいないと思うのです。

私は元々、家が資産家ではなかったし、周囲に成功している経営者もいなかったから、起業したり、ビジネスで成功するなんて話は、とても遠い世界の出来事のように思っていました。

でも、**30万円だったキャバクラの月給が、ブランディングを始めたその翌月に300万円にはね上がった**ことで、私の中で何かが変わりました。

やがてナンバーワン・キャバクラ嬢となって【桜井野の花】というブランドを確立。キャバクラ嬢として注目を集めるようになったのはもちろん、さらに自分のお店を持つようになって、あんなに遠かった経営者の仲間入りを果たしました。

他にもネット通販事業や新しい商品開発を手掛けるようになったのも、**一度確立した【桜井野の花】というブランド力が効いている**と思っています。

最近は、世の中的に個人事業主が優遇されるようになったり、副業や兼業が認められるようになってきました。この先、ますます個人が稼ぐ力が問われてくるのでしょうね。

私たちキャバクラ嬢だけでなく、保険や不動産などあらゆる分野の営業職であったり、フリーランスで仕事をしている方、コンサルタントや弁護士、税理士などなど……個人の名前で、個人の力でお仕事をしているすべての人に、「自己ブランディングするべき！」と強制するつもりも啓蒙《けいもう》するつもりもありませんが、もう一度、言いますね。

「こんな時代に自己ブランディングをしなくちゃ、もったいない」

この本を読んだ皆さんに、そう思ってもらえたら嬉しいです。

こんな私でも成功できたのは自己ブランディングあってこそ。個人が稼ぐ力が問われる時代に必要なものだと実感しています。

自分が〝勝てる〟場所を探して

私がどのように自分をブランディングしてきたのか。順を追って説明していきますね。

まずは、**自分が〝勝てる〟場所を探して、そこでナンバーワンになることを目指しました**。ビジネス用語では「ブルーオーシャン」っていうのかな？　あまり競争相手がいない「青い海」で泳いだほうが気持ちよく勝てます。だから、そういった場所を探し求めてきました。

ブルーオーシャンと呼ばれる場所には、たぶん2種類あって、まずひとつは、これまでほとんどの人が考え付かなかった、まったく未知なる世界。競争相手はとても少ないけれども、そこを見つけるのはめちゃくちゃ大変で、まさに火星に行くようなイメージです。

〝ニッチ・トップ〟と〝すき間産業〟

もうひとつは〝ニッチ〟といわれる場所。誰もやろうとしない仕事とか、あまり気にしていなかった分野を見つけ出して、いち早くシェアを獲得しちゃう。〝ニッチ・トップ〟とか〝すき間産業〟って言い方をしますね。

例えば、この間、ネットニュースを見ていたときに〝いいな〟と思ったのは、こんなニッチな話です。

岐阜県ではまだまだくみ取り式のトイレが多いそうなのですが、そのし尿処理をする会社があって、一社が岐阜での市場を独占しているらしいんです。他の企業がやろうとしないニッチな仕事をいち早く押さえて、そこでナンバーワンになったわけですよね。

くみ取り式トイレのし尿処理というジャンルは競争相手が少ないうえ、恐らくこれからだって参入しようとする会社は少ないと思うんですよ。だから、この先もずっと勝ち続けることができる。

もうひとつ、テレビで見た自動車のワイパー用ゴムをつくっている会社も〝いいな〟と思いました。埼玉県にあるその会社は、もう60年くらい、国産車のワイパー用ゴムの市場を独占し続けているらしいんです。今では日本だけでなく、タイや韓国、中国、アメリカ、メキシコなど海外9か国でも拠点を展開しているそうです。

埼玉のその会社が成功しているのも、岐阜のし尿処理の会社と理由は同じ。**競争相手が少ないニッチな場所を見つけて戦ったほうが、無駄な力をかけずに勝てる。**「お金になる」っていうのは、つまりそういうことなんだと思っています。

逆に、「お金にならない」のは、「レッドオーシャン」ってやつですよね。レッドオーシャン、つまり赤い海。血で血を洗うような競争の激しい場所を意味する言葉で、実力がある人でさえも埋もれてしまう激戦区のことです。

でも、その中にだって必ずブルーに澄み切ったところ（競合相手がいない場所）があるはずだと思うんです。

それを探すのに、初めは苦労するかもしれません。でも、レッドオーシャンでもがいているうちに力を使ってしまうより、最初からブルーオーシャンを探すことに力を入れたほうが効率的じゃないでしょうか？

「お金になる」ビジネスは〝勝てる場所〟を探すところから始まる。ニッチなニーズを見極め、いち早くシェアを獲得すれば、無駄な力をかけずに効率的に勝てます。

流行に乗るより、ニッチなニーズ

まったく新しいビジネスを考えて生み出すのはものすごく難しいし、流行っているモノをそのまま真似したところで続かない。流行りのモノはすぐに飽きられちゃうし、そこに目をつけて参入するライバルも多くなりがちだから、すぐに価格競争になってしまいます。

例えば、今、タピオカが流行っていますよね。もうブームは下火ですし、今さら手を出そうなんて思いませんが、もし私がタピオカに携わるなら、プラスアルファで、**〝今はないけれども、この先には当たり前になるような何か〟**を付け加えていたと思います。

その〝何か〟を説明するのは難しいのですが……１９８０年代に登場するま

では考えられなかったペットボトルの飲み物が、今では当たり前になっているような、そんなイメージです。これくらいの発想を加えないと、流行りのモノに乗っかる意味はないと思います。

キャバクラでビジネスや経営を学んだ

私自身、キャバクラという分野に限定せずに、これからもどんどん新しいことをやっていきたいという気持ちはあります。

そしてもしキャバクラの世界で生き続けるにせよ、何か新しいスパイスみたいなものを加えて違う形にしたいと思っています。

「具体的にどんなアイデアがあるの?」って今、聞かれても困るけれど、キャバクラの仕事の良いところって、結局、**色々なお客様と接する中で、ビジネスや経営の勉強ができる**点にあるんじゃないでしょうか。

あれはまだ私が体験入店していた頃のことでした。初対面から私のことを気に入ってくださった社長さんがいらっしゃいました。当時の私はその方に気に入られようと必死になって、ちゃんと会話ができるようにと、色々なニュースを見て勉強して知識の幅を広げる努力をしていました。

後から知ったのですが、そのお客様は、大きいサイズの男性服に特化したことで有名なアパレル会社の社長さん！　体形にコンプレックスを持っている男性に刺さる商品を、あえてポジティブにPRして販売し、大成功を収めていらっしゃいます。

その社長さんへの接客経験から、ビジネスに対する考え方をたくさん教わったような気がします。**限定されたマーケットやニーズを見極めて、そこで戦って勝つ**という考え方は、その社長さんとの会話の中から学びました。

それからというもの、頭が切れて経済力があり、社会的に自立していて、自分よりもお金を持っている方々を数多く接客してきました。その経験は、私にとって大きな財産になっていると実感しています。

この先、私自身がずっとキャバクラ嬢としてお店に立ち続けるということはないかと思いますが、これまでの接客経験の中で得た〝学び〟を思い起こしながら、新しいビジネスのヒントを見つけて、一つひとつカタチにしていければと思っています。

接客経験の中には豊潤な〝学び〟があり、それは私にとっての大きな財産。ヒントを探すつもりで接客をしてきました。

自分が〝勝てる〟場所の探し方

自己ブランディングの第一段階として、〝勝てる〟場所を探すことが大切だと書きました。

とはいっても、「どこで勝てるのか？」なんて、そう簡単には思い浮かばないですよね。私の場合、まずは「自分がどういう人間なのか？」を知るところから始めました。

・どんなこと（どういうとき）なら頑張れるのか？
・どういうときにやる気をなくしてしまうのか？
・他人と比べて何が秀でているのか？

これらを正しく把握できないままでいたら、空しく無謀なチャレンジを繰り返すだけで、〝勝てる〟場所なんて見つかるわけがありません。

自分を客観視する視点を持つ

企業への就職活動の準備で行う、いわゆる「自己分析」レベルまでがっちり取り組む必要はないと思いますが、少なくとも**〝自分自身はこう思っている〟＝自分を掘り下げる視点**と、ちょっと引いたところから冷静になって、**〝他人からはこう見えている〟＝自分を客観視する視点**、この2つの視点を持つようにはいつも心がけています。

例えば、私の自己ブランディングのベースとなっているキャッチフレーズに「95か月連続売り上げナンバーワン（※2020年1月現在）」というものがあります。これが達成できたのも、自分の性格を正しく理解していたから。

私は、高級店や激戦区、一流と言われるようなお店で、「売り上げ5位以内には入れそうだけど1位になれるかどうかは微妙……」という立ち位置にいるよりは、お店のランクは下がっても、1位になって背中を追われるほうがモチベーションを保ちやすい性格なんです。

その性格を見極めて、ちゃんと自分自身が把握《はあく》している**自分と向き合って、力が発揮できる場所を探した**結果、選んだのは激戦区でも高級店でもなく、「私でもナンバーワンになれそうなお店」でした。

自分を過小評価しているとは思っていません。背伸びして、競争の激しい場所に身を置いて疲れ切って、しかも勝てない可能性が大きかったら、そんな場所で戦う意味はないと思っただけです。

私は１日でも誰かに売り上げで負けたくないし、負けたらそこで何かがプッンと途切《とぎ》れてしまう、そんな性格でもあります。また、１０２ページで後述しますが、継続する力にだけは自信がありました。だから、「〝継続的に〟ナンバーワンになれそうなお店」こそが、自分の〝勝てる〟場所だと考えたのです。

激戦区でしのぎを削るほうが向いている子は、一流店を選び、王道のスタイルで勝ち上がっていけばいいと思います。でもそれは選択肢のひとつであって、すべての子に向いているわけじゃない。

今、なんだかうまくいってないな、と思っているあなたへ。もしかしたら、自分の性格を、ちゃんと掘り下げられていないのかもしれません。じっくりと自分を見つめなおしたら、自分が〝勝てる〟場所が見えてくるんじゃないか、私はそう思います。

自分自身はこう思っている／他人からはこう見えている。この２つの視点で自分の性格を掘り下げ、客観視すると、〝勝てる〟場所が見えてきます。

お客様がほしいものこそすべて

自分を客観視する視点。これは接客の際に絶対に必要な視点だと思います。

実際の接客において、〝自分はこう思う〟とひとりよがりになることは絶対に避けるべきで、ちゃんと一歩引いたところから客観的に、相手の立場になって見ることが大切です。

お客様への対応ひとつとっても、〝自分がどう思うか〟は二の次で、まずは〝相手がどう思うか〟を考えないといけません。

そこに自分の感情が入る余地は一切ないとさえ思っています。自分の言いたいことなんて二の次、三の次なんです。

もちろん、接客をしていて、個人的な意見を求められることも多々ありますが、そのときには、本当の意味での自分の意見ではなく、**〝お客様はどう答えてほしいのか？〟を考え、それに見合った言葉を返す**ようにしています。

何が求められているのか？

こういった、相手がほしいものを察する力って、ある程度訓練すれば身につくと思うんですよ。才能とか、天性などの特別な力ではありません。

基本姿勢として**相手の話や立場、考え方に全面的に共感したうえで、あとは場数を踏んで培《つちか》っていく**ものだと思います。

私は昔から強烈に〝モテたい〟って思っていたんですね。その結果、相手から良く思われたいがために、相手にとっての気持ち良い言葉を探すような習慣が自然と身についていきました。

今はそれをキャバクラという仕事の中で必要な力に置き換えているだけのこと。

最近は、さすがに昔のような〝モテたい〟っていう気持ちではなくって、お金を払ってくださるお客様の意向に沿って話をするのは当たり前のことだと考えているので、意識して〝何が求められているか〟を常に探って言葉を選んでいます。

だって、お客様には気持ち良くなって帰っていただかなければいけませんから！

キャバクラって決して安い遊びではありません。

メイン料金で1万円、指名料が3000円、そこにサービス料と消費税が入りますから、座っただけで1万7000円を超える金額からスタートします。

さらにそこにオーダーしたものの料金が加算されるわけなので、お客様に〝ここに来て良かった〟と金額に見合うだけ満足していただかないと、ビジネスとして成り立ちません。

気持ち良く飲めたと思っていただけなければ、リピートの可能性もゼロになってしまいます。

当たり前レベルの満足では足りない

さらに、他の店ではなく、**ウチを選んでもらう、あるいは私を選んでもらうための差別化ポイントみたいなものをお客様に印象づける**ためには、当たり前のレベルの満足では足りません。

お金を払ってくださるお客様が、〝明日も仕事を頑張ろう〟という気持ちになれたり、嫌なことを忘れられたり、そんな特別な時間と場所を提供したい。それは、商売っ気を抜きにしても、キャバクラに勤める者の使命感みたいなものとして私の中にあります。

もちろん、単純に〝楽しい時間を過ごしたい〟と思って来店してくださるお客様もいますが、多くのお客様は、嫌なことがあってヤケ酒していたり、ネガティブな気持ちでいらっしゃいます。

何か心にぽっかりと穴が空いたとき、〝人の寂しさにつけこむ〟というと表現は悪いですが、そこを埋めるのがキャバクラの役割だと自覚しています。

継続的には難しいかもしれませんが、一時的にでもネガティブな気持ちを緩和できる、安定剤のような存在でなければならないと思っています。

〝勝てる〟場所を見つけるだけじゃダメ。お客様が求めるものを常に探り、提供するのがビジネスの要。

過去の恋愛経験の中で培われた視点

「自分を冷静に客観視する力は、どうやって培《つちか》われていったのか？」

ここまで読んでくださった方の中には、こう疑問に思う方もいるかもしれません。

この質問に対する答えは、「これまでの恋愛経験の中で培われたのかも？」ということ。

ちょっと長くなるかもしれませんが、過去の恋バナ的に書いてみてもいいですか？

私は元々、恋愛をするとどっぷりハマってしまって、それが生活のすべてになってしまう、そんな性格でした。大学生のときに初めて行ったホストクラブにハマったときも、他のことは全然考えられなくなってしまい……そこから大きく私の人生は変わりました。

元々、モテたいっていう願望が人一倍強かったこともあり、ホストクラブに初めて足を踏み入れたときは、「ここは天国か⁉」と思いました。だって、いい男がこぞって私をちやほやしてくれるんですよ！　ハマらないわけがないんです。

通い始めた頃は、大学の友だちをはじめとする周囲の誰もが「ホスト通いなんてやめなよ！」と言っていたのですが、当の私はどハマり状態で、そんな助言には聞く耳持たず。

友だちもそのうちどんどん離れていって、気づいたらひとりぼっちになっていました。それでも自分が傷つかないために、〝最終的に自分が良ければいいじゃないか〟と開き直るような始末。

当時は私、ブロガーとしてそこそこ稼いでいて、そのお金でなんとかホスト通いもできていたんです。高校生の頃から読者モデルと連動するブログでダイエットの記事を書いて、アフィリエイトで月に１５０万〜２００万円くらいは手にしていました。

しかも、基本的に私はけっこうな倹約家で、1万円のワンピースを買うのにも躊躇《ちゅうちょ》するような性格だったこともあり、ブログで稼いだお金はほとんどホストに投入することができていました。

でも、ホストクラブに通い始めて半年ほど経った頃。その店でナンバーワンだったホストと付き合い始め、どうしてもアフィリエイトの収入だけではお金が足りなくなってしまったんです。

彼から風俗の仕事を勧められて実際に面接にも行ってみましたが、そこでわかったのが「私には風俗の仕事は向いていない」ということ。というか、風俗で働くという覚悟が持てなかったんです。だから風俗の仕事をすることはありませんでした。

そのかわり、キャバクラならできるんじゃないか、効率よく稼げるんじゃないかと、甘い目論見《もくろみ》のもと、キャバクラで働き始めました。

生産性がないなら発想を切り替える

キャバクラ嬢になって、ホストに使えるお金も増えてすべてうまくいったと思いきや、ホストに振り回されて泣きわめいて、それでホストに「会いたくない」と音信不通にされて、お店も出入り禁止になってしまって、気づけば八方塞がりの状態に。

「ホストのためにキャバクラ嬢になったのに、なんでこうなっちゃったの!?」

そこから私のキャバクラ嬢としての方向性はガラッと変わりました。

私もナンバーワンになって、ホストの彼を見返してやる。

私がナンバーワンになったら、同じ歌舞伎町にいる彼の耳にも私の頑張りが届くはずだし、そうなったら彼も振り向いてくれるはずだ。

そう思うようになりました。健気ですよね（笑）。

キャバクラに勤め始めた頃は今と違って、どちらかというと謙虚なタイプだった私。容姿やスタイル、トーク力に対して自信なんてこれっぽっちもありませんでした。

でも、ナンバーワンになるには、そんなことは言っていられません。覚悟を決めて、〝勝てる場所〟を探して戦略を立てていった……のは先述した通りです。

結局、ホストの彼とはよりを戻すことになるのですが、激しい喧嘩をしてしまうときもありましたし、ホストクラブに行って泣きわめく日も続きました。お金を使って気を遣って、罵声《ばせい》も浴びての繰り返し。

店に行って彼が他の女性と仲良くしていたり、プレゼントをもらっているのを見ると、やはり気分が良くなかったし、言いたいことはたくさんありました。

それでも、彼が好きで好きでたまらない。私って、究極のドMだって思いましたね。

とにかく、当時の私はその彼と同棲できるようになるためにはどうすればいいのかをずっと考えるようになっていました。

でも、ホストクラブで泣いて訴えても、喧嘩をしても、生産性はありません。

そこで**発想を切り替えた**んです。

押してダメなら引いてみろ

悲しみや怒りからは良いものは生まれません。反対に、

・どうすれば相手が喜んでくれるのか？
・どうすれば自分が楽になれるのか？

をひたすら考えていきました。

今日はお金を多めに持ってきたから、ちゃんとお金を使うよ、と彼に伝えたいときは、「カモがネギを背負《しょ》ってきたけど、もはやそのネギまで切れてる」って、わざと自虐的で軽い言葉を使いました。

「頑張ってお金をつくってきたんだから、私のほうを見てよ！」とアピールするより、〝この人は面白い人だ〟〝一緒にいても苦痛ではない〟と思ってもらったほうが、彼の心をつかめると思ったからです。

実際に、こうやって発想を切り替えて彼と接していたら、彼の態度はずいぶん優しく和《やわ》らいでいったんです。その結果、イライラすることや喧嘩も減り、私の気持ちもだいぶ楽になりました。

さらには、そこから5年間にわたって彼と同棲することに成功。

その間、冷静さを失い、自分をコントロールできない状態に陥《おちい》ることもたくさんありましたが、最後にちゃんと諦《あきら》められるように、自分は彼女ではなくてお客なんだと、**自分に自分の立ち位置を言い聞かせて、それをしっかりと守る**ようにしていました。

完全に冷静ではないけれど、〝ホストにカモにされているな〟と、自分をきちんと客観視することはできていたと思います。

冷静な自分と熱くなった自分が同居している。そしてそんな状態にある自分を、ちょっと離れたところから傍観している自分がいつもいました。

ちょっと長い話になりましたが、こういった体験を経て、私の客観的な目線が養われていったのかも、と思っています。

苦しいときは発想の転換。さらに、事実とちゃんと向き合って、自分の立ち位置を傍観する視線を忘れないことも大切です。

自分にキャッチコピーをつけて発信する

話を少し戻しますね。音信不通だった彼を振り向かせるために、自分を客観視して〝勝てる〟場所を選び、そしてお客様の目線で接客を磨いて、目論見通りナンバーワンになった私。

でも、それだけでは足りません。だって、ナンバーワンになるキャバクラ嬢は歌舞伎町の中に山ほどいるんです。瞬間的にナンバーワンとなった〝一発屋〟は、時代の流れの中で簡単に忘れられてしまいます。

インパクトを残すためには、ナンバーワンを続けないといけない。**「〇か月連続ナンバーワン」という記録を達成して初めて、その称号が私のキャッチコピーになってブランド化できる、**そう直感的に思いました。

数字は強い！

「連続ナンバーワン」の状態を、一日でも長く続けていけば間違いなく話題にもなるし、口コミで広がっていけば、さらに集客につながっていくはずです。ナンバーワンをどれくらいの期間続けているかという**数字的な私の強みを、世間に対してアピールしていこう、発信していこう**と考えました。

確か、「キャバキャバ」というサイトでブログをやっていたときに、「○か月連続ナンバーワン」という売り文句を書き始めたのが、始まりだったと思います。

もちろん、私のＳＮＳにも「○か月連続ナンバーワン」というキャッチコピーを添えた紹介文を掲載しています。

ちょっと追記しておきたいのですが、これは決して記録を自慢したいのではなく、すべては集客のためなんです。

わかりやすい数字で定量的に自分を表現することで、興味を持ってくれる人が少なからずいるはずですから。

こうして、自らの手でつくり上げてきた【桜井野の花】というブランドの力によって、一見《いちげん》さんのお客様が一気に増えました。インスタグラムやユーチューブを見て来店してくださるお客様も数多くいらっしゃいます。今では、そういったお客様は、私のお客様全体の5割を占めるまでに至っています。

キャッチコピーをつくるためには、アピールできる数字があると◎。自分だけの特徴を端的なフレーズにまとめましょう（弱点でも突き抜けていれば特徴になりますよ）。

プライドはないほうがいい

勘違いしてほしくないのは、決して自分を誇らしく見せたくてブランディングをしているわけではないということ。ブランディングの方向性によってはプライドをひけらかしていると混同されがちですが、まったくの別物です。

そもそも**プライドというものは誰かにひけらかすものではなく、自分の中で解釈できていればいいもの**だと思っています。

誰かにひけらかしたところで、結局は自分が辛《つら》くなるだけ。プライドを持つことはそもそもダサいし、あまり良いものではないとすら私は思っています。

正直言って、私はキャバクラ嬢としてのプライドを持って仕事をしているわけではありません。水商売しかできないから続けているというだけのこと。

もっとぶっちゃけてしまうと、私はキャバクラ嬢という仕事は、決して誇れるものではないと思っています。

世間的な目線は絶対に忘れない

最近、女性たちの「美容整形でなりたい顔」として、某ＡＶ女優さんが持ち上げられていますが、個人的には決して好ましいとは思えません。そのＡＶ女優さんはとてもとてもキレイな方だとは思いますが、もてはやされることに違和感を覚えています。

近年、若い女性向けのファッションショーがたくさんありますが、キャバクラ嬢が出演できないものも多くあります。

世間的に見れば、キャバクラって、そういうものなんです。多くの人にそうとらえられているという事実は、絶対に忘れないようにしたいと思っています。

とあるコレクションには某ＡＶ女優さんも出演予定だったのですが、やはりＡＶ女優という職業が引っかかってＮＧになりました。

どんなに人気や発信力があったとしても、ＡＶ女優という職業でダメになることもある。キャバクラ嬢も同じです。

でも、そういうものですし、それで良いとさえ思っています。お店のキャストの親御さんから電話をもらうこともありますが、自分の娘がキャバクラで働くと聞いて心配しない親はいません。

【桜井野の花】の役割

なので、私はキャバクラ嬢という仕事に誇りを持っていませんし、どちらかと言えばネガティブな感情すら抱いています。

水商売は、社会から逃げてきた人たちの最後の砦《とりで》だと思っています。水商売しかできないからこの世界に入ってきた人がほとんど。だから、「この世界で頑張れなかったら、どこに行っても、何をしても頑張れない」と従業員には必ず伝えるようにしています。

一方で、**こういう現状だからこそ、この業界を変えたい**という思いもあります。

私はキャバクラで働いていて、こうして良い思いをしているのですから、同じように良い思いをする人が増えたらいいと思います。

そして、少しでもキャバクラに対するイメージが変わってくれたらこんなに嬉しいことはありません。

ときどき、「野の花を見ていたらキャバクラの印象が変わった」と言われることがあるのですが、そう言ってもらえるのは本当に嬉しい。キャバクラのイメージを変えることができる、つまり業界を動かせる立ち位置にまで来ることができたのかなと思うだけでワクワクします。

キャバクラ嬢がマスメディアでピックアップされるのには違和感があると思いながらも、一番ピックアップされているのは自分ですからね。それが、ちょっと変わった【桜井野の花】というキャバクラ嬢の役割なんだと、今は自覚しています。

歌舞伎町の中にいると、世間的な目線を忘れがち。でもそれだけは絶対に忘れちゃいけないと思っています。

CHAPTER 2

ブランドを育てる〝コミュニケーション力〟

初対面での
ツカミがすべて

前章では、自己ブランディングをするために、〝勝てる〟場所を探し、「〇か月連続ナンバーワン」というインパクトのあるキャッチコピーを自分につけたお話をしました。

ナンバーワンを継続するために必要なのは、まず〝勝てる〟場所を見つけること。これが大前提となりますが、それだけで勝ち続けられるほど甘い現場なんて、世界中探してもどこにもありません。そこからの努力や工夫が必要になります。

キャバクラは、あくまで接客業。ですから改めて言うまでもなく、**お客様とのコミュニケーションに際してどう努力するか、どう工夫するか**が重要です。

歌舞伎町の中には、コミュニケーションスキルに長《た》けているキャバクラ嬢が星の数ほどいます。そのライバルと同じレベルでは、連続ナンバーワンになんてなれません。

一回でもナンバーワンから陥落してしまったら即アウト。連続記録を打ち立てられるナンバーワンであるためには、勝ち続けられるコミュニケーション力で対抗する必要があります。

オーソドックス＋αでいい

こんなことを書くと、「野の花って、どれだけすごいコミュニケーションスキルの持ち主なの？」って思うかもしれませんが、私の接客は実は至ってオーソドックス。**基本を押さえながら、ちょいちょい工夫を加えている**という感じです。

そもそも、基本ができていないキャバクラ嬢が多すぎるんです。これに関しては１１１ページでも書きますが、基本ができていない子たちのおかげで、私の至って普通でオーソドックスな接客態度が、「ちゃんとしてる」と特別視されているだけなんですよね。

みんな、普通に普通のことをやればいいのに……と思いつつ、そういう子たちのおかげで自分を差別化できたのはありがたいとも思っています。

なお、**もっとも重視していたのは第一印象**です。これってキャバクラに限らず、保険や不動産の営業職だって、店頭で何かを売る販売職だって同じこと。

それに、よく考えてみたら、第一印象の重要性というのは仕事に限ったことではなく、あらゆる人間関係において言えることでもあります。

基本的には友だちをつくるときにも第一印象は重要ですが、実はそっちは、キャバクラとはまったく逆で、マイナスな第一印象から入ったほうがうまくいくと思っています。これも私の経験則。

今と違って高校、大学時代の私はどちらかというと大人しいタイプで、クラスの集まりごとなどからは距離を置いていました。第一印象は決して良くなかったと思います。

でも、それも時間をかければ、少しずつ印象は良くなっていくんですよ。だって、最初の印象がマイナスなんだから、それ以下になるということがないんです。むしろ、めちゃくちゃ自分を良く見せようと努力しなくても、「この子、思ったより、いいじゃん」と、どんどんイメージを上げていける！

友だちみたいに、長い時間をかけて人間関係を構築する場合は絶対にそうしたほうが賢いと思います。でも、キャバクラはそうではなくて、第一印象の一発目がすごく、すごーく大事です。

お客様に〝チャンネル登録〟してもらう

初めて会ったお客様に一発で〝いい！〟って思ってもらえないと、〝この子つまんないから〟と、お客様は他の子に流れていってしまいます。そうなったらゲームオーバー。

一度離れてしまったお客様の心を取り戻すためには、一発目で気に入られるための努力の何十倍、何百倍もの努力が必要になります。それに、どんなに努力しても、戻ってきてもらえないことだってザラです。だから、友だちづくりと違って、**キャバクラの初対面では悠長なことを言っていられない**のです。

ユーチューブを見ているとき、最初の1分で「このユーチューバーつまんないなー」と思ったら、次にまたその人の動画を見ようと思わないですよね？ 逆に、面白かったらチャンネル登録して、2本、3本とどんどん動画を見てしまいます。そして気づけば、「暇になると見ちゃう」状態になってたりします。

キャバクラだって同じなんです。初対面一発目で「へえ、こういうキャバクラ嬢がいるんだ」とお客様の脳みそに〝チャンネル登録〟してもらわないといけません。

そのために必要なのは何かというと、私はプレゼン能力だと思います。

第一印象で勝負をかけるのが一番効率的。そこで失敗すると、そうとう頑張らなければ敗者復活できません。

プレゼン・タイムは大げさに

初対面のお客様への接客で、私に与えられたプレゼン・タイムはせいぜい10～15分程度。この10～15分が、失敗できない貴重な勝負の時間です。

この時間は、基本的には相手の話を聞くというより、自分の話をするほうが多いですね。

24ページで「自分の言いたいことなんて二の次、三の次」と書きましたが、このプレゼン・タイムだけは別。**〝いかに自分がいい女なのか?〟をわかってもらうためのアピールタイム**ですから、あえて私は自分の話をしまくります。

そのときに**大事なのが、ボディランゲージ**です。

私は大学生のときにプレゼンの授業をとっていたのですが、評価項目の中にボディランゲージという項目があったんですよ。

つまり、身振り手振りってプレゼンに絶対に必要なものなんです。よく、アメリカのＩＴ企業の社長がプレゼンする姿がニュースで流れたりしますが、まさにあんな世界です。

〝自分の見せ方〟を研究する

わざとらしすぎると興ざめしてしまいますけど、楽しく華やかに演出されたキャバクラの世界においては、多少、大げさなくらいのリアクションのほうがいい。

わかったような顔をしてかしこまって相槌《あいづち》を打っているよりは、**わっと驚いたような素振りをしたり、表情豊かに感情を出したほうがいい**のではないかなって思います。

もちろん、ＴＰＯやお客様のタイプによるところもあります。なので、やっぱりここでも必要なのが、客観的な視点です。

目の前のお客様との会話はもちろん重要ですが、ちょっとしたスキを見て、お客様から自分がどう見えているかを意識します。

これを意識できるようになれば、リアクションも格段に進歩しますし、〝いかに自分がいい女なのか？〟を効率的にアピールできるようにもなります。

例えば、**相手の位置からもっとも〝いい女〟に見えるような〝自分の見せ方〟**ってあるじゃないですか。

顔を向ける角度とか、首をかしげる角度とか、一番可愛く、キレイに見えるポイントが誰しも絶対にありますよね。そういうのをちゃんと研究して把握しておくんです。

座る位置も考えて、さりげなく体をお客様の方向に斜め45度に向けて、たまにひざとひざが当たるくらいの位置でドキドキさせたり。

姿勢だって大事です。男性に人気のタレントやアナウンサーが、どんな姿勢で座り、どんなふうに相槌を打っているかを研究し、自分で鏡を見ながら試してみるのもいいですね。

こういう小さな工夫が、プレゼン・タイムを成功に導き、お客様に印象づけるためのカギになるのだと思います。

身振り手振りや感情表現は普段の2割増しで。お客様から自分が〝いい女に見えているか？〟を研究して、トライ&エラーを繰り返していきましょう。

自分の強みを生かしたプレゼンとは

初対面の方に印象づけるといっても、めちゃくちゃ強烈なキャラで押してインパクトを与えるというわけではありません。

あまりにも強烈なキャラは、ハマる人にはハマりますが、そうでなかったときのリスクが高すぎます。自分の性格から乖離《かいり》したキャラだったり、無理やりつくったキャラだったりしたらなおさらリスキー。空回りした瞬間を想像しただけでヒヤッとしちゃいます……。

意外に思われるかもしれませんが、**私の生き方はすべてリスクヘッジなんです。リスクは冒さないのが大原則！**

言ってみれば、キャバクラを経営しているのだって、キャストとして働けなくなったときのためのリスクヘッジですからね。複数店舗を構えているのも同様の理由です。

閑話休題《かんわきゅうだい》。リスクを負わずに、初対面の方に印象づけるプレゼン方法についての話に戻ります。

私に関して言えば、極端すぎず、相手の許容範囲の中で最大限のアピールをするというのが基本の姿勢です。

あと、言い古されたフレーズではありますが、**やっぱりギャップって大事**だと思うんですよ。ギャップがあればあるほど、お客様の記憶に残りやすいし、「新しい発見をした」という気持ちになっていただけます。

私の場合、テレビをはじめとするメディアにもちょいちょい顔を出していて、少しは顔が知られた存在だったりします。だから、初対面の方でも、相手が私のことを【桜井野の花】だと知っているケースが多いんですね。

つまり、〝【桜井野の花】ってこういう女じゃないか〟って先入観を持って店にいらっしゃる方が多いんです。そんな方に丁寧な接客をすると、「テレビで見るより謙虚ですね」みたいに、いい方向にギャップを感じてくれて、それが相手の中に記憶として残っていきます。

基本は謙虚に、時に高圧的に

ギャップを演出するのは、謙虚な方向だけではありません。

例えば、お連れの方が「野の花って有名なの？　俺は知らなかった」というようなお話をされたら、「歌舞伎町に来て私のこと知らないなんてヤバいですよ！」みたいな高圧的な発言を、あくまで明るくノリよく放ったりします。

最近は、そんな〝毒のない偉そうな態度〟みたいなものが身についてきました（笑）。でも、こういうスタイルの接客はけっこうテクニックや経験値が必要なので、良い子はあまり真似してはいけませんよ！

いずれにしろ、大切なのは自分を理解することです。自分を知るというのは、何をするにしても一番といっていいほど大事なこと。

自分を知ったうえで、自分のキャラや特徴を強調していくか、それともギャップを感じさせて印象づけるか。

新人のときに、いきなり〝自分の強みを生かす〟って言われても難しいかもしれませんが、自分で自分の好きなところだったり、人に「いいね」って言われたところを、うまくプレゼンの中に取り入れられるといいですよね。

リスクを冒さないためにも、自分のキャラや特徴をきちんと把握しておくことが重要。そのうえでギャップを使いこなせたらカンペキですよ！

やりとりは〝テンプレ化〟してもいい

プレゼンの前にしておきたいのが、相手の気持ちをほぐすこと。

私の場合、こっちが一言目からふざけると、お客様も肩の力が抜けて話をしてくれるようになると感じています。

「はじめましての気がしないんですけど。なんでなんで？　前世夫婦だった？」みたいな感じで、少し〝こいつ何を言っているんだ？〟って思われるようなことも言うようにしています。

「何を見て来てくれたんですか？」「インスタですか？　ツイッターですか？それともユーチューブですか？」っていうところから会話を始めて、「ブログを見てきた」って言われたら、「昔から書いているので、実年齢バレちゃう！

2人だけの秘密ね！」みたいなセリフで返したり。

口調とかテンポなんかも気にしています。**ちょっと人より声を大きくして、敬語だけれども少しテンションが高め、**みたいな。

これもボディランゲージと一緒で、ちょっと大げさなくらいがちょうどいいと思っています。

身振り手振りは大きいほうがいいし、声も大きく、よく笑うようにしたほうが絶対にいい。自分で「ちょっとオーバーかな？」と思うくらいがちょうどいいんです。

テンプレに工夫をプラス

皆さんは、普段自分がしゃべっている姿を映像で見たことありますか？　見たことがない人は、一度スマホで撮影して見てみてください。人が普段しゃべっている姿って、自分が思っている以上に地味だったりするんですよ。

それで感情が伝わるような、付き合いの長い相手ならいいのですが、初対面の方だとそうもいきません。

「どうすれば伝わるのか」を必ず念頭において、身振り手振り、声の大きさ、口調やテンポを研究し、プレゼン前のほぐしタイムもその後のプレゼン・タイムも、それを実践するのが接客における基本的な考え方だと思います。

こういう接客は決して私にしかできないものではないと思います。新人で経験も少なく、まだたくさんのお客様に知られていないような子だって、基本的な考え方は一緒です。キャラが違うだけ。

それさえできていれば、**はじめましてのお客様に対する接客のやりとりは〝テンプレ化〟してもいい**と思うのです。

テンプレって、型通りでつまらないと思うかもしれませんけど、型があるってすごく大事なことです。

空手や剣道などの練習では、ひたすら型を学ぶじゃないですか。型を体得して、自分の体が自然に動くようになると、自信もつきますし、そこから応用の幅をぐんと広げられるようになります。

決まったやりとりを一日に何回もし続けると飽きてくるかもしれませんが、

そういうときこそ工夫のしどころ。

あたかも初めて聞いたかのように、質問にパッと答えず、ちょっと考えているような素振りを見せたりして、リアクションをアレンジするのもいいですよね。

それでお客様が喜んでくれたら「工夫が実を結んだ！」という達成感が生まれるので、飽きずに色々試したくなるはずです。


はじめましての挨拶はテンプレでOKだけど、テンションは高めをキープ。飽きてきたら、ちょっとずつアレンジを加えて。

お客様の〝誘導尋問〟に
きちんと気づく

第一印象で相手の関心をつかんだら、今度はリピートしてもらうための工夫を仕掛けていきます。

これも基本、コミュニケーションではあるのですが、瞬発的な第一印象づくりのプレゼンとは違って、気の利いた会話のやりとりがポイントになります。

しゃべりっぱなしもダメだし、ただひたすら聞いているだけでも物足りない。伝えることと、受け取ることの両方をバランス良くこなせるスキルが重要です。

私は、決して天性のコミュ力の持ち主ではないと自覚しています。直感的に相手の心をつかめるような素晴らしいチカラは備わっていないので、〝お客様に喜んでもらうためにはどうすればいいのか？〟を常日頃からひたすら考えていました。

接客の現場では、頭をフル回転させながら、

- **お客様が求めていることは何か？**
- **どう答えてほしいのか？**
- **お客様は何をメリットと考えるか？**

を推測し、それに最適な言葉を探してお返ししていました。

失礼かもしれませんが、人の思考や行動って多少なりともパターン化されているると思うのです。人ってけっこうわかりやすい。

キャバクラに来店してお酒を飲んでいれば気もゆるむのでしょう。考えていることが顔に出やすくなります。声のトーンや話し方からでもわかります。

人はほしい回答に話を寄せる

そして、お客様の会話の中には、〝誘導尋問〟が多いことにも注目。

例えば、今の仕事を辞めるか、それとも続けるかで悩んでいる方がいたとします。こういう場合、実はその方の中で答えは出ていて、それを後押ししてほしくて質問しているということがとても多いのです。**こういう言葉がほしい、という正解がある**のだから、まずはそこを押さえないといけません。

人が2つの選択で悩んでいるときって、2つの相反する考えがきっちりフィフティーフィフティーのバランスで同居していることはなくて、必ずどちらかに傾いていると思います。それが45%と55%であれば、自然と55%のほうに話を寄せていくのが人間の習性。そこに気づくことが重要ですね。

自分が出そうとしている答えに対して、答えを出す前から共感してくれる話し相手なんて最高じゃないですか？　自分のことを正しく理解して、応援してくれる存在は、この世の中ではすっごく貴重です。

だから、もしそれができる相手がいたら、その相手がキャバクラ嬢であろうと大切にしたいと思うはずです。だから、そこを目指すべきなんです。

時には、49％と51％みたいに差が小さくて、どちらが正解かわかりづらいときもあります。そのわずかな差が気づけるようになるには、やはり場数が重要。といっても、ただただ数をこなせばいいのではありません。一回一回、何が良かったか、何がダメだったかを考え、次に生かすという考え方が必要です。

接客の基本を血肉にする

ビジネス用語では「PDCAを回す」って言いますよね。Plan（計画）、Do（実行）、Check（評価）、Action（改善）を繰り返していくことで、効率的に仕事のスキルを高めていくという考え方のことです。

私は、フリーのテーブルであれ、指名のテーブルであれ、すべて勉強だと思っています。

フリーでついたお客様の言動を一生懸命にノートにメモして管理しているキ

ャストもいますが、そんな記録や分析なんかをするよりも、**その場でできる限り丁寧な接客をして、ＰＤＣＡを回していく**ことが、お客様の求めるものを推測する力をつけるための最短ルートだと思います。

お客様のたばこの銘柄を覚えるのなんて二の次。たばこの銘柄を覚えておくことで喜んでもらえるのは一瞬です。その一瞬のために労力をかけるより、接客の基本をブラッシュアップし自分の血肉にしていくことのほうが、圧倒的に効率的。言い換えれば、かけた労力に対するパフォーマンス（効果）が高い！

暗記は応用が利きませんが、**基本を身につけることができれば、いくらでも応用が利きます**。

学生時代に数学の勉強をしたときのことを思い出してください。基本問題を正しく理解していなければ、どんなに応用問題のパターンを暗記してもうまく点に結び付かなかったという方が多いんじゃないでしょうか。それと同じだと思いますね。

〝基本が大事〟って、当たり前すぎることを言ってごめんなさいね。
でも、〝誘導尋問〟に対応する力は、基本をブラッシュアップして
こそ身につくんです。

野の花流
シモネタトークの極意

こちらからどんな話を振っていくかを考えるのって、けっこう難しいですよね。

でも、いくつかのパターンはあると思うんです。ありがちなのは、少しエッチなシモネタトークです。

お客様の下心をくすぐる方法で攻めるわけですが、これが意外と難しい。

例えば「次は、アフターでエッチしようね」と言えば、次もお店に来てくださるとは思うのですが、本当に枕営業をしない限り、同じ手は二度と通用しません。

私は、新人のキャストに「そういうのはやめようね」と伝えています。シモネタでも、マジっぽいのは絶対にダメです。お客様が真面目に受け取っちゃうような言い方だと、絶対に続かないし、ヤバいことにもなりかねない。

〝楽しい遊び〟の範疇を厳守

シモネタトーク自体はアリだと思います。でもそれは、**誰かが傷ついたり苦しんだりすることなく、〝楽しい遊び〟であることが大前提**です。

例えば、テレビとかユーチューブを見て初めて来店したお客様が、「桜井野の花といえば整形とシモネタ！」というイメージを持っているとします。そんな場合は、「ユーチューブよりもっとエッチだよ♡」って返すんです。そうすれば、お客様はめちゃくちゃ喜んでくれます（笑）。

シモネタトークやエッチなフレーズは、うまく使えばかなり効果はあります。お容姿で勝負できない子だって、センスの良いシモネタさえ言っていれば、お給料を３００万円くらいはもらえます。

キャバクラで生き残っていくには、シモネタに対してどれだけ無抵抗でいられるか、どれだけうまく相手の誘いをかわしながら、エロトークで相手を喜ばせられるかがポイントになってきます。

そこで重要なのは、繰り返しになりますが〝楽しい遊び〟の範疇から出ないことです。この線引きさえ間違えなければ、かなり有効な武器になるはずですよ。

キャバクラにおいて、シモネタはかなりの武器。マジっぽくならないよう、言い方（声のトーンやテンション）にも気をつけましょう。

3行ニュースから始める
(得)勉強術

お客様に喜んでいただくためには、もちろん、エロ以外のアプローチだってあります。

例えば、「この子とつながっていたらいいアドバイスをくれそう」「元気をくれそう」みたいな、お客様の精神面に寄り添うタイプもウケます。

いずれにせよ、**「お客様が何をメリットと考えるか？」**と、**「自分は何が得意か？」を掛け合わせて、自分のセールスポイントを伸ばしていく**のがキモになります。

私は、たくさんの経営者や専門家との色々なパイプを持っているので、普通にビジネスの相談を受けることもよくあります。

「それは野の花が経営者だからでは？」とは思わないでください。たくさんの方とビジネスの話ができるようになったのは、私が元々自分の容姿に自信がなかったことが大きいんです。

容姿に自信がなかったからこそ、〝他のキャバ嬢とは違った部分で勝負しよう〟〝ちょっと違っていて、ちょっと面白いキャバ嬢になろう〟と思い、勉強を重ねた。それが少しずつ積み重なっていっただけです。

専門用語ひとつでいい

それに、勉強といっても、たいしたことはしていませんよ。

まずは、新聞、ニュースの類には一通り目を通し、広く浅く、あらゆる知識を持つよう心がける。そして、その知識をお客様との会話の中で、ちらっと出す。

そうすると、ビジネスの会話ができると思ったお客様が、より深いビジネスの話をしてくださるようになり、それがまた勉強になる。それだけです。

最初の勉強は、ニュースサイトにざっくりまとめてある3行の記事を読むだけで十分です。アウトラインがざっくりわかれば、ある程度はどんな話にもついていけます。

そのうえで、**お客様の問いかけに対して、何かひとつでも専門用語を出せればいい**のです。本当に、ひとつだけでいい。それだけで、〝この子は知っているんだ〟とお客様は好意的な反応を示してくれます。

そこですかさず「興味があるので詳しく教えてください！」とお客様にお願いします。

基本的に男性は教えることが好きなので、「教えてください」は効果的。「お酒の席で仕事の話なんて興ざめでは？」と思いきや、意外にも丁寧に教えてくれます。もちろん、教えていただいたら、褒めることもお忘れなく。

でも別に、褒める要素がないときに無理して褒める必要はありません。すごいと思ったときだけ褒めるようにしましょうね。

「なんかちょっと自分の専門分野のことを知ってるっぽい」と思わせる雰囲気を出せれば十分。雰囲気だけでいいんです。

本心から「いいな」と思う箇所を褒める

たとえ、自分はビジネスの話ができるキャバ嬢になろうと思っても、**知ったかぶりをしたり、必要以上に自分を利口そうに見せようとするのはかえって逆効果。**

75ページでも書きましたけど、知らないなら知らないで「教えてください」と言えばいいんです。

知ったかぶりをしていると、お客様との長いお付き合いの中で絶対にボロが出るから、等身大の自分でいることは最低限必要だと思っています。

私は一切嘘をつきません。

キャバクラという場所の性質上、「どうせキャバクラでしょ」って、ある程度、嘘をついてくるのを見越していらっしゃるお客様も一定数いらっしゃいますが、私は他のキャストとは違います。

お客様を褒めるときでも、カッコよくない人に「カッコいい！」とは絶対に言いません。そのかわり、本心から「いいな」と思える箇所を褒めます。

例えば、容姿が他の人より劣っていると自覚している人は、清潔感や服装、小物などに気を遣っていることが多いですよね。そこを褒めるんです。だって、自分のことを客観的に見ることができて、そのうえで自分を良くしようとしている人って、本心から「素敵だな」って思えるじゃないですか。

自分におきかえてみても、気を遣っている部分を認めてもらえて、褒めてもらえるのって嬉しいので、それをお客様にもするようにしています。

お客様のしぐさをよく見ていると、見てほしいものや、推しているものを無意識に見せようとしているのがわかります。それを見逃さずに褒めるようにしていると、「いいとこ探し」のクセもつくので、おすすめですね。

カッコよくない人に「カッコいい！」と言ってはダメ。お客様のしぐさをよく見て、無意識にアピールしているものを見逃さずに褒めるようにします。

自分を大きく見せて何になるの？

自分のことを大きく見せて、それで得をすることなんて絶対にありません。むしろ、ロクなことがないんですよ。

例えば「お金を持っている」と言えば、変な人が寄ってきますし……。以前、キャストとして勤めていたお店で、１０００万円盗られたことがありました。犯人はわかっていて、相手も盗んだことを認めたので警察沙汰《ざた》にはしませんでした（今でも月に5万円ずつ返済してもらっています）。

怪しげな投資話もたくさんきます。私はあまりお客様の職業を聞かないようにしていますけれど、変な投資話を持ってくる方は、こちらから聞かなくても自分から言ってきますし、ひとしきり自慢話を終えたところで、必ず私を引き込もうとしてきます。

自分が楽をするためにも

そういう、〝自分はお金を持っているぞ〟って強烈にアピールし、**自分自身を誇張して生きている人は、いずれ、どこかで自分がしんどくなる**と思います。

確かにお金を持っていることは、評価軸のひとつになるのかもしれません。でも「能ある鷹は爪を隠す」ではありませんが、賢く稼いでいる人はあからさまに自慢するようなことをしません。一山当てて、少しまとまったお金を持って調子に乗っていると痛い目に遭《あ》う可能性が高いって、みんなわかっていますからね。

時計やスーツなど、身の丈に合わないものを身につけているキャバクラ嬢やお客様もよく見かけますが、なぜかしっくりきません。そんなに自分を大きく見せても、何かあったときにたかられてしまったり、カモにされやすいだけです。

いわゆる泡銭《あぶくぜに》みたいなお金しか持っていないのに、たかられたら最悪です。調子に乗ってばらまいて、あっという間に身を持ち崩してしまいます。

そんな人たちを私はたくさん見てきました。

すべてを洗いざらいしゃべる必要はありませんが、やはり、私たちキャバクラ嬢もお客様も、少なくとも**嘘は言わないで話したほうが楽**なんじゃないかと改めて思います。

自分を大きく見せて生きるのはしんどい。誰だって楽したいじゃないですか。じゃあ楽な方法を選びましょうよ。

ブレない設定値は強い味方

しつこいようですが、「嘘をつかない」ことについて、もうちょっと書かせてください。私、このことが本当に大事だと考えているんです。

一度、自分自身の生い立ちとか性格とか考え方について**嘘をついてしまったら、その嘘のキャラ設定をずっと覚えていなくてはなりません**よね。

例えば、２年前に１００万円を使ってくれたようなお客様が久しぶりに来てくれたのに、当時の自分のキャラ設定を思い出せなかったら……って、考えただけで怖いです！

けっこう間を空けて「久しぶり！」って来てくださるお客様って本当に多いのですよ。そのとき、〝しばらく来なかったんだから、キャラ変してても大丈夫〟ってことはありえません。

お客様は忘れた頃にやってくる

久しぶりのお客様、という話で思い出したのですが、先日、「本当に何年ぶりだろ？」ってお客様がいらっしゃいました。

正直、もうお会いすることはないと思ってたんですよ。なぜなら、ささいなことが原因で机をひっくり返すような大喧嘩をしたから。

そのお客様とはそれっきりになってしまって、私もすっかり忘れてしまっていたのですが、この前、突然、店にやってきて、「仲直りしに来た」って言われたときには正直、面食らいました。

まあ、そんな感じで何年経ってもふと思い出して会いに来てくださるのは嬉しいことだし、そんなふうにふいにやってきても、素直に正直に生きていれば、〝当時、どんなキャラで話していたっけな……〟なんて、要らぬ心配をする必要もありません。

ブランディングによって確立された【桜井野の花】というキャラクターはブレることはないから、どんなときも答えることは一緒ですし、時系列もズレません。

もちろん、すべてをさらけ出しているわけではないので、秘密というか、あえて口にしないような話はありますが、【桜井野の花】はあくまで【桜井野の花】なので、その設定値は間違えないようにしています。

ブレないことはブランドにとってすごく大事。それがブランドの持つ信頼ってやつです。

ＬＩＮＥで「お店に来てね」は絶対しない

さて、現代のキャバクラ嬢にとって絶対に避けて通れないコミュニケーションツールといえばＬＩＮＥ。

お客様との継続的な関係を維持するために、直接ＬＩＮＥでつながってやりとりするのはもはや日常ですね。私は、ＩＤ交換しようって言われたら、快く受けます。

そして、基本的には、お客様から来たＬＩＮＥメッセージにはすべて返信するようにしています。お店でのお支払い額の違いで返信の有無を区別することはありません。

ただ、多いときには５００通以上たまってしまうこともありますし、返しても返しても追いつかないことも多いので、そこはご了承いただきたく……（急用の際は電話ください）。

〝最近会ってないな〟ってお客様には、こちらから個別でメッセージを送ったりもします。相手から返信がある限り、自分から断ち切ることはないし、簡単にスタンプで返すだけの返信もあまりしません。

ふと思い出してもらうために

気づいたら3年間ずっとLINEしていただけ、みたいなお客様もいます。でも、それだけでもいいんですよ。LINEのやりとりを続けていれば、ふと歌舞伎町に来たときに「そういえば、野の花の店が近くにあったな」と思い出してもらえるかもしれない。今日明日の来店をねだっているわけではないので、それでいいと思っています。

こういうやりとりをしておくことで、いざというときに思い出してもらえればいいんです。新宿で酔っぱらって気が大きくなったときであったり、つまらない日々が続いてためいきをつきたいときでもいい。他の人気キャバクラ嬢と遊ぼうと思って店に行ったけれども、ほとんど相手にしてもらえなくて物足りないなって思ったときでもいいじゃないですか。

そこで私のことをふと思い出してもらうためには、常に、お客様の意識のどこかに存在していなくてはなりません。

だから、お客様が私のことを忘れないくらいの頻度で連絡を入れないとダメなんです。

でも、いかにも営業ＬＩＮＥみたいな、「来週来てね」みたいな誘い方はまずしません。これはＬＩＮＥに限らず、電話でもそう。「来てね」とは、絶対言わないようにしています。

商品だって、「買ってください」と言われると購買意欲が下がりませんか？そんなふうに売り込みをしないと売れないような商品に見えてしまうからです。だから私は、「買ってください」という一言、それだけで価値が下がってしまうような気がするんですよね。

「買ってください」より「よかったらどうぞ」「気に入ったらどうぞ」という

言い方のほうが相手の購買意欲も上がるのかなと思うのです。

リニューアル商品紹介のつもりで

だから、私は**「来てね」というかわりに、興味を持ってくれそうなことを発信する**ようにしています。

具体的に何をしているかと言うと、**自分の変化を伝える**んです。

「前髪切ったよ」
「〇キロやせた」
「この写真、盛れたから見て」

などの文面とともに画像を送ると、なんらかのリアクションがあることがほとんど。

商品を人におすすめするときに、どストレートに「買って」と言っても響かないけれど、「リニューアルされた」とか、「新商品はこんなところが違う」と聞くと、「どれどれ?」と興味を持ちませんか?

自分だったらどんな文面に興味を持つか、それを考えて実践してみればいいんですよ。

例えば、過去に何回が試したことがある商品だけど、最近はあまり買っていないものを想像してみてください。その商品の広告が自分のもとに届いたとして、どんな内容なら買いたくなりますか?

LINEでメンタルケア

ちなみに、お客様にLINEを送るのは、自分のメンタルを保つためでもあるんです。

連絡がとれないお客様が増えて、LINEのトーク画面が緑色のフキダシ(自分が送ったメッセージ)ばかりになると、不安になるじゃないですか。

でも300人にLINEを送れば、必ず何件かはリアクションがあります。

これだけ頑張ってるんだから大丈夫、これだけ返信があるんだから大丈夫、と自分の不安を払拭《ふっしょく》するための作業でもあるんです。

週に１回、休暇のときはお客様とＬＩＮＥのやりとりをすると決めてやっていた時期もありました。それをやらないと落ち着かないんですよ。

実は、今もそういうところはあって、お客様のＬＩＮＥを返さないと眠れなかったりします。基本、そういうメンタルなんですよ、私。

「買って」と言われて「はいそうですか、買います」なんて人はいないんです。興味を持ってもらえる文面を送りましょう。

お客様は「つくる」もの

よく、「どうやってお客様を増やすんですか？」とか、「どうやったらお金を使ってもらえるんですか？」みたいなことを聞かれるんですけれど、シンプルな言い方をすれば、**あまりキャバクラに行かない方を通うお客様にしちゃえばいい**んですよね。

よく美容系の雑誌で「キレイはつくれる」というフレーズが使われていますけど、それと同じで「お客様はつくれる」んです。元々キレイじゃない人をキレイに仕立て上げられるのと同じで、元々お客様じゃない方だってお客様に仕立て上げることができる。

ビジネスでも、**「顧客を創造する」**っていうじゃないですか。どういう層にどういう需要があるかを見極めて商売をすれば、そこに新規のお客様が生まれます。どんな商売でも、お客様って、そうやって「つくる」ものじゃないですか？

例えばキャバクラでたくさんお金を使ってくださるお客様が元々１００人いたとして、それを50人のキャバクラ嬢で取り合っているだけでは先が知れていますよね。そうではなくて、お客様を２００人、３００人に増やしたほうが、自分にもチャンスがめぐってくる。

フリーのお客様であろうと、お支払いが少額のお客様であろうと、そういう考え方で接客しています。

目の前ばかりを見ないで

私を指名してくださる太いお客様は、言うなれば全員、私が〝育てた〟のであって、だからこそ、お店のお客様ではなく私のお客様として、いつまでもご愛顧《あいこ》いただいているのだと思っています。

キャバクラ初心者のお客様に対して、「お金持ってなさそうだったから連絡先抜く（聞く）のやめました」みたいなことを言っているキャストもいますが、そんなことをしていたら、絶対にお客様は増えないし、給料だって伸びません。

私はたとえ初回料金５０００円だけで帰ってしまったお客様でも、最終的には締め日に「〇万円足りないから来て！（笑）」みたいな冗談が言えるくらいのお客様にしてしまいます（ＬＩＮＥや電話で「来てね」と伝えるわけではありません。お金に関しての軽口を言い合える関係性になっているということですよ）。

お客様は無限の可能性を秘めています。

どこで、どんなふうに化けるか、この先、何があるかわかりません。

目の前ばかりを見て、「お金のない人には連絡はしない」なんて言っているようでは、何をやっても成功しないと思います。

それに、今、気前のいいお客様がいて、たくさんお金を使ってくれていたとしても、その方が来なくなって終わってしまえばそれまでじゃないですか。

太いお客様がいついなくなるかも、いつ自分が失脚するかもわからないんです。

お客様全員に、良いほうの可能性も悪いほうの可能性もある。太くなる方もいれば、関係が切れる方もいる。だから私は、多少のひいきの差はあるにせよ、お客様全員、同じように均等に大事にしたいと思っています。

だって、**未来がわからないのであれば、ポジティブにとらえて、可能性に賭けたほうが楽しい**じゃないですか？

今、キャバクラ遊びをしない方たちは全員潜在顧客だと思って、その方たちが楽しめる新しいキャバクラ文化を創出できれば、未来は明るい！

お金は夢のあとについてくる

この章も最後になりましたが、読み疲れた方も多いかもしれませんので（笑）、少しモチベーションを上げられるようなことを書きたいと思います。

未来をポジティブにとらえて可能性に賭ける、言ってみれば〝未来志向〟的な私の感覚って、起業家とかポジティブなビジネスパーソンっぽいとよく言われます。

でも、私は大学生の頃からずっとキャバクラ嬢なので、一般的な社会人としての経験は皆無。もちろん、お客様から情報や知識、テクニカルな部分は教わってはきましたけれど、マインドまで教わった記憶はありません。

じゃあどのようにその感覚を培ってきたのかというと、それってたぶん、私の生い立ちの中で育まれたんじゃないかとも思っています。

私の家は貧乏で、お金がなくていじめられた過去もあったから、常にそこから這い上がりたい、日の当たる場所に立ちたいって思っていました。

私の原点は「お金を稼ぐ」ことにありますが、お金を稼ぐことで見えてくる世界に何を求めていたかというと、たぶん夢の実現なんですよね。

いじめられていた自分ではない自分になるという夢。

人っていつお金を持つようになるかわからないものですけど、**結局、お金を持つようになる人に共通しているのは夢なんです。夢があるからお金を手にできる。**

「東京で夢を見たい」

今、私と同じマンションに住んでいるお客様（仮にAさんとします）がいるのですが、数年前に初めて会ったときのAさんは、まったくお金持ちではありませんでした。

ものすごく大きいリュックサックを背負ってお店に来て、「昨日、滋賀から来た。東京で夢を見たい」って言っていたＡさんを見て、お支払いが大丈夫か心配になり、「大丈夫ですか？」「１杯○円ですよ」とか逐一《ちくいち》聞きながら接客したのを覚えています。

あのとき、私に支払いを心配されていたＡさんはその後、ＩＴ会社などを経営する、すばらしい経営者になりました。夢を掲《かか》げて努力した結果、いつの間にか私よりお金持ちになっていたのです。

「東京で夢を見たい」

その言葉を実現したＡさんを見て、やっぱりお金は夢のあとについてくるものなんだと改めて思います。

自分の原点に立ち返ることも非常に大切ですが、ポジティブに前を向くために必要なのは夢なんでしょうね。

CHAPTER3

ブランドを定着させる〝継続力〟

私の強み、それは集中して継続する力

ライバルたちと比べて自分が得意と言えるものは何か、絶対にこれは負けないと思えるものは何か。

そう自己分析したときに、「これだ！」とピンときたのが〝継続する力〟です。

実は私は、こう見えてもけっこう昔っから手堅い人間だったし、勉強でもスポーツでもお稽古ごとでも、コツコツと努力を続けないとうまくいかないということを、身をもって知っていました。

それは、高校生のときにけっこう気合を入れて大学受験の勉強をした経験が大きいと思います。

この大学受験の経験こそ、私が他のキャバクラ嬢と大きく違っているポイントだと自負しています。

世の中一般的に見たら、大学を受験するなんて、ごく当たり前のことかもしれませんが、キャバクラの世界ではかなりレアケースだったりします。ライバルと差をつけてなんぼのこの世界において、この経験を使わない手はありません。

高校生当時の私は、予備校の早慶上智コースを受講していました。もちろん、それなりの偏差値で成績を残さなければ入れないコースです。

決して地頭が良いと言いたいわけではありません。ただただ、私は**小さな頃から、「これだ！」と思ったら、ひとつのことを集中して継続できるタイプだった**から、勉強もコツコツやってこられた。その地道な努力が蓄積されていたというだけです。

ちなみに受験には失敗しましたけどね（笑）。初めての彼氏ができて、受験勉強よりデートをしているほうが楽しくなってしまい、推薦で行ける大学でいいやって妥協してしまったんです。

「これだ！」と思ったらすごいパワーでのめりこんでしまうのは、恋愛においても言えることなんですよね……。

継続すれば定着する

だから、**ひとつのことに集中して継続したくなる性格は長所とも短所とも言えるのですが、キャバクラのお仕事においては圧倒的にプラスでした。**

今日はやる気が出ないから休んじゃおう、ということもしなかったし、一日でも誰かに売り上げで負けたくないからナンバーワンの座は絶対に譲らなかった。バースデーの子の売り上げにすら負けたくないと思っていました。

１２７連勤して、法事で１日休んで、翌日から１３５連勤して、そのあとはまた1日休んで90連勤とかやっていたんですよ。

その結果、「70か月連続ナンバーワン（当時）」というキャッチコピーを自分につけることができ、それがインパクトを生んで、さらなるブランディングにつながっていきました。

その後、今に至るまでナンバーワンを継続することで、【桜井野の花】というブランドが定着し、ちょっとやそっとのことでは揺るがない盤石なものになったと自負しています。

この経験から、ブランディングには継続力が効果を発揮するのではないかと、私は考えています。この章ではそのことについて書いていきますね。

〝コミュニケーション力〟で育てたブランドは、〝継続力〟で定着させる。育てることと定着させることを同時にやっていくのが重要だと思います。

凡人が天才に近づく唯一の手段

世の中にはたくさんのナンバーワンが存在しますが、それを継続している例って意外に少ないですよね。ずっと売れ続けているタレントさんやお笑い芸人さん、俳優さんって、そんなに多くはありません。

ヒット商品やヒット曲もそう。一時期はあんなに売れていたのに、あっさりと忘れられてしまうケースがほとんどです。

今は、何事もスタンダードになりづらい時代なのだと思います。どんなに世間の耳目《じもく》を集めても、あっという間に消費されて終わってしまう。

一時的にパーッと花開いてブームをつくるのも悪くないけれど、一時期の成功に溺れたら最後だと私は考えています。

目指すは、**一時的なナンバーワンではなく、広く長く親しまれる、つまり定着したスタンダード。**

そのためには、やっぱり地道にコツコツと手堅くやるしかないんじゃないかと思うのです。

地道な継続なしに成功なし

「地道に何かを続けるのはイヤ」という人に言いたいんですけど、世の中の天才と言われる人は、才能があるから成功を収めているわけではなく、みんな効果的な練習法や勉強法を見つけて、それをひたすら繰り返しているんです。つまり、天才だって、地道な継続なしには成功しないということ。

スポーツ選手でもそうですよね。オリンピックに出場する世界的アスリートも、イチローのような一流選手も、苦しい練習を継続してきたからこそ大舞台で活躍ができる。継続して培ってきた土台があるからこそ、いざチャンスが訪れたときにそれをものにできるのです。

私は、**凡人が天才に少しでも近づくためにできる唯一の手段が〝継続すること〟だと思っています。**

それはキャバクラの世界も同じ。すごく可愛くてトーク力もあって、天才だとか10年に一度の逸材だとか言われている子がいたとして、その子の立ち位置に少しでも近づくために、容姿もトークも自信がない子ができることってなんですか？　継続することの他にあります？

継続が苦手な人も、「なぜ継続が必要で効果的なのか？」という理由がわかればやる気が出るかと思って、この章を書いています。

当たり前のことを当たり前にやる

地道なアプローチを売り上げにつなげるためには、時間を決めて、必ずお客様に連絡を入れるという手段があります。

多少、機械的になってしまってもかまいません。新規のお客様と既存のお客様の両方に対して漏れなく、定期的に連絡を入れていくことを繰り返してさえいれば、売り上げが下がることはまずありません。

もし売り上げが下がるような結果が出たとしたら、それは自分で決めたことを怠ったときですね。

毎週金曜日にずっと定期的に送っていたＬＩＮＥを面倒くさいからという理由で突然やめてしまったりしたら、確実に売り上げが下がります。

もちろん、作戦としてやるならアリですよ。毎週のＬＩＮＥを突然やめて、相手に「どうしたのかな？」と思わせておいて、こちらに関心を向かせるという手もあります。

戦略的に、1回や2回、連絡を入れないでおくというのも悪くはないと思いますが、そのまま面倒くさいと思うようになってずるずるＬＩＮＥを送らなくなってしまうと、それは明らかに結果に表れます。

地道なアプローチの繰り返し

「ＬＩＮＥを送ろうが送るまいが、来なくなる人は来なくなるでしょ？」

そんな質問は愚問です。

お客様だって飽きることもあれば、私以外のキャバクラ嬢に興味が移ることだってあります。でも、それはフリーのお客様を自分のお客様にすることで丁寧に補っていけばいいだけじゃないですか。

キャバクラの仕事は、お客様の補充の繰り返しです。こういった地道なアプローチを繰り返し、きちんと毎日出勤さえしていれば、途中でいなくなってしまうお客様がいたとしても、必ずお客様の数は増えていきます。

どんな商品だってどんなサービスだって、同じようなプロセスを踏んで顧客を獲得しています。お客様になりそうな人を見つけて、何度も足を運んで説明して、信頼を獲得してから買ってもらって、さらに継続的に購入してもらう。

こういう当たり前のことをできない子が多いから、私みたいな者がナンバーワンになれるんですよ。

CHAPTER2でも軽く触れましたが、結局のところ、私が目立てたのも、お客様の関心を集めることができたのも、キャバクラの世界において、当たり前のことが当たり前にできない子がほとんどだったからなんです。

30年前のキャバクラだったら、こんなことは基本中の基本で、あえて言うことでもないと思います。その頃、私は生まれてさえいませんでしたから、実際に体験したわけではありませんが、ベテランのボーイさんや高齢のお客様から、そういう話をよくお聞きします。

30年前というと、キャバクラが一気に勢力を拡大していった時期で、言い換えればキャバクラの基礎がつくられた頃ですね。携帯電話やスマホなんてない時代にそれをやっていた方々のことを考えれば、こんなに気軽にＬＩＮＥなどなどでお客様にアプローチできるのって、相当恵まれているはずなんです。

自分で決めたことを怠ると、必ず結果に表れます。それはお客様のせいではありません。素直に結果を受け入れて、気をひきしめましょう。

時には何も考えず、機械的でもいい

もちろん、正直なところ、**私だって「面倒くさい」と思うことはあります。**定期的な連絡ひとつとっても、お客様が増えていけばいくほど大変になっていきますし、〝切れたかな〟と感じるお客様にも送り続けるのですから、モチベーションが下がることもあります。

特に最初の頃はなかなか成果が出ないので、〝こんなことを続けていて意味があるのかな？〟と不安に感じていました。

でも、**遠回りに見えて、これが一番の近道**なのです。〝手っ取り早くお客様を増やしたい〟と、劇薬みたいな即効性を求めている人にこそそれを伝えたくて、継続することの大事さをしつこく書いています。

蓄積することを第一に

例えば、英語を勉強しているとき、英単語を毎日毎日覚えても全然英語力が上がらなかったとします。成果が出ないと一見無駄なように思えてしまいますが、それは確実に自分の中に蓄積されていて、ある一定量に達するといきなり英語力が伸び始めるということがよくあるんです。そうやって結果が出ると英語を勉強するのが楽しくなってきて、さらに力がついていく。

楽器の練習とかもそうじゃないですか？　最初はずっと同じフレーズの繰り返しだけど、一定量の練習時間を超えると一気に弾ける幅が広がったりします。

結果が出ない苦しいときをどうやりすごすかが一番の悩みどころですが、これに関しては私、〝何も考えない〟ことが有効だと思うんです。

お客様への連絡の場合、「効果が出ない」「結局来てくれない」とか無駄なことを考えずに、ひたすら機械的に連絡をいれる。

極端なことを言えば、そこに感情なんて必要ありません。だって、うまくいかないからとイライラしている時間ってすごくもったいないじゃないですか。

イライラしていたってなんの新しいアイデアも生まれませんし、イライラして手を止めてしまったり、歩みを止めてしまったら、結局、振り出しに戻ってしまいます。

ここまで継続して積み上げてきたことがゼロになってしまう可能性だってあります。それは絶対にもったいない！

イライラしないためには、小さくてもいいから「成功した！」と思える瞬間を探すことです。それについては、次に詳しく書きますね。


成果が出なくても、焦ったりイライラしたりしない！　それが一番もったいないですよ。近道はいつだって遠回りなんです。

成功体験は質より量！

成功体験は小さなことでいい。大きな成果を求めず、質より量で攻めるんです。

成功した回数が多ければ多いほど、自然と自信がつきます。

野球に例えると、勝敗よりも、打率や盗塁の成功率に注目するような感じです。チームが優勝したらそれはもちろんすごいことですが、打率や盗塁成功率が高いことだって、すごいことです。

優勝できなくても、打率や盗塁成功率が高い選手は、自信を持っているじゃないですか。自信をつけて次のプレーに臨めば、自分の想像以上のパフォーマンスを発揮できます。

大きな売り上げを上げられなくても、〝こういうＬＩＮＥを送れば、お客様は返信してくれる〟とか、そういう**小さな成功体験を自分の中に蓄積していくことで、必ず自信はついてきます。**

蓄積に基づく自信とは

小さな成功体験を積むためには、やっぱり継続が大事です。

継続して数をこなしていくと、それを**続けることができる自分にも自信がつくし、成果が表れる法則みたいなものが見えてきます**。それがわかっていれば、イライラすることもなくなります。

〝こうすれば、ＬＩＮＥの返事が来る〟とか、〝こうリアクションすればお客様が喜んでくれる〟とか、こういった統計や分析は、やはり数をこなさなければわからないし、見えてこない景色だと思うのです。

勉強だって同じではないでしょうか。たくさんの課題をこなしていっても、それがすべて今回のテストで出題されるわけではありませんが、与えられた課題をとにかくひたすらこなしていけば、その知識がどこかで役に立つことがあるかもしれません。

今すぐには役に立たなくても、後で「あ、あのときに覚えた公式が今、役に立っている」みたいなことは多々あります。たくさんの知識が自分の中に蓄積されていけば、どんなテストだって怖くありません。コツコツ勉強して、ひとつでも多くの知識がつけば、どんな問題が出ても大丈夫だ、という自信につながります。

結局、**自分を支えるのは、今までコツコツやってきたんだ、これだけやったんだから大丈夫なんだ、という蓄積に基づく自信**なんです。

「これだけやってきた」という蓄積は、まぎれもない事実です。事実を曲げることはできません。それだけ確固たるものなんです。

避けるべきは〝ダウンブランディング〟

私のことを、かなり商売上手でメンタルが強い女だと思う方もいるかもしれませんが、実はそんなことはまったくありません。

弱さを自覚しているからこそ、〝勝てる〟場所を見つけて、勝ち戦以外はしないほうがいいと思っているだけです。

それは、ある程度、【桜井野の花】というブランドができあがった今でもそう。というか、ブランドができあがったからこそ、慎重になっているのかもしれません。

だって、場違いな場所に出て行って負けたりしたら、自信を失うのはもちろん、〝ダウンブランディング〟になってしまいます。

ブランドをつくり上げるのには時間がかかるけれど、崩れ始めたらあっという間。一度、傷ついてしまったブランドの価値を修復するのは、ヘタしたら、ゼロからブランドを確立するより大変な作業です。だから、ブランドは慎重に守っていく必要があります。

一見〝おいしい〟と思っても

ブランドや自信を維持するためには、高すぎるハードルを用意する必要はありませんが、設定を低くしすぎてもダメだと思います。自分に最適な高さを選んで、自分らしく跳《と》べばいい。

そう考えているので、〝自分にとって最適な高さじゃないな〟と思ったときには、テレビ出演をお断りすることもあります。

テレビに出るなんておいしいじゃないか、と思われるかもしれませんが、そうでもないことがけっこうあるんですよ。

例えば、先日収録に参加したテレビ番組。製作サイドには、「社長やキャバクラ嬢としての枠であれば出演はしますが、賑やかしのタレントとして呼ばれるなら興味がないので参加しません」と最初から伝えていました。また、「私が話しているシーンはカットしないで必ず放映してほしい」ともお願いしていました。

それにもかかわらず、後日、進行の都合で、私の話していたところはすべてカットされるという連絡が入ったんです。

キャバクラ嬢は会話をするのが仕事なのに、また私自身この仕事を高いプロ意識をもってやっているのに、私が話しているシーンがカットされてしまったら、私の良さがまったく出せないことになるじゃないですか。それでは、出演しても【桜井野の花】というブランドにとってマイナスになるだけです。

だから、たとえ有名なテレビ番組であろうとも、企画趣旨や扱い方によってはお断りすることがあるんです。特に、比較されることで、勝ち負けが浮き彫りになるような場所は避けています。

逆に、ブランドイメージがダウンさえしなければ、無意味だと感じることや、必ずしも自分のメリットにはならない話であっても引き受けることはありますよ。

〝ダウンブランディングにさえならなければいい〟というのが、私の中の〝やる／やらない〟の基準です。

マイナスだと感じる基準は人それぞれにあると思いますし、少しでもマイナスになりそうだったら手を引くようにしていますが、紹介者がお客様だったりすると、大人の事情として引き受けざるをえないケースもあります。

だから、常々、自分のスタンスは周囲の人に伝えておくべきだと考えています。自分が〝勝てる〟場所はこういうところで、自分のブランディングはこうだって、あらかじめお伝えしておけば、わかってくれるお客様は私にとって良い話を持ってきてくれたりするものです。

根本的な売り方

勝ち戦しかしたくないのは、本業のキャバクラやテレビ出演の話だけに限った話ではありません。

最近は、商品のプロデュース業にも手を広げていて、色々な会社や知人から次々に協業の依頼が舞い込んできますが、**私自身が本心から〝これは売れる！〟と思えるものにしか乗っかりません。**

売れる／売れないの判断基準は自分なりに持っています。

基本的には限定されたマーケットやニーズを見極めて、コンプレックスになりそうなところをくすぐる商品がヒットすると考えています。

CHAPTER1で書いた、少し体のボリュームがあって、それをコンプレックスに思っている人をターゲットに、そのコンプレックスを逆手にとって宣伝をするアパレル会社さんと同じ商法ですよね。そこの社長に教えていただいた経験が今でも生きています。

どういう市場に、どういった商品を、どういった見せ方で投入すれば売れるかというのは、マーケティングの基本だと思います。

〝キャバクラ嬢としてどう売っていくか？〟という道筋を考えることと、〝マーケティングによって売れる商品をどうやってつくっていくか？〟を考えることは、「〝勝てる〟市場を見つけてナンバーワンになって継続する」という根本的な部分で一緒ですから。

要は〝負けなければいい〟ということ。勝ち続けるため、ブランドを守るために必要なのは〝負けないこと〟なんです。

ゴールを設定することは原点に立ち返ること

私は、〝勝てる場所〟というハードルの高さの設定に注意を払うと同様に、ゴール設定にもある一定のルールを設けています。

ゴールって結局、ものすごく遠い先にあるものではなく、足下にある原点だったりしませんか？

要するに、**この仕事を始めて突っ走り続けている、その根本の理由がなんだったのかという〝軸〟をしっかりしておかないとダメ**だということです。

軸がしっかりしていないと、欲が出てきます。

その欲が、本当のゴールを遠ざけてしまうのです。

例えば、キャバクラに勤め、お給料をもらい始めたときのこと。私は大学にも通っていたのですが、大学でいろんな講義を受けているうちに欲が出てきたんですよね。人よりプレゼンがうまくなりたいとか、英語力をもっとつけたいとか……。

でも、そもそも大学に通い続けていたのは、大卒のキャバクラ嬢が少ないこの世界で〝大卒〟という箔《はく》をつけて、他のキャバクラ嬢と差別化するため。箔をつけてナンバーワンになり、「お金を稼ぐ！」というのが原点だったのに、いつの間にか違うところで欲が出ている自分に気づき、ハッとしました。

それからは、**ブレそうになったら原点に立ち返り、振り出しに戻るようにしてきました**。

興味や可能性を広げるのはもちろん良いことですが、それが根本的な部分（原点）に基づいたものかどうかを、逐一自分に問い直すことは大切だと思います。

自分のキャパシティは超えない

やっぱり人間は、あまり欲をかいてはいけないと思うのです。

変な話ですが、男関係もそう。

3人同時進行っていうのはなかなかうまくいきません（笑）。2人まではいつもうまいこといけるんですけど、そこで調子に乗って〝3人目も……〞って考えると、やっぱりダメ。どちらかの男性を削るか、諦めるかして選ばないと、大変な目に遭います。自分のキャパシティをよく知っておくのが大事なんですよね。

お金だって、そうだと思うんですよ。

あまり欲をかきすぎて、自分のキャパシティというか、領域を超えたところでお金をつくろうとするとロクなことはありません。

私はキャバクラ嬢として、あるいはキャバクラの経営者として稼ぐお金を本筋としています。

そこから派生してビジネスの範囲を広げるとしても、自分が売れると思える商品をプロデュースするところまでにしよう、そこから逸脱しないようにしようと心がけています。

あまり信頼できない人が持ってくる、一見、おいしそうな投資話に乗ることはありません。**欲をかきすぎると、物事がちゃんと見えなくなって正しい判断ができなくなります**からね。

原点、軸、ゴール。これらはすべて同じ場所にある気がしています。皆さんも、自分にとってそれが何か、一度掘り下げてみるといいかもしれませんね。

ハードルの高さは具体的にしない

１２０ページで、「高すぎるハードルを用意する必要はありませんが、設定を低くしすぎてもダメ」「自分に最適な高さを選んで、自分らしく跳べばいい」と書きました。

私は、最適な高さというのは、**〝あいまい〟なままでいい**と思っています。

それでこそ、自分らしく跳べるんじゃないですかね。

どういうことかというと、例えば、「ＴＯＥＩＣで８５０点を取るぞ」と具体的な数値を設定するより、「道に迷っている外国人に、スマートに道案内できるくらいの英語力を身につけるぞ」と目標をたてる感覚です。

人を動かすのって、具体的な数値ではなく、「外国人とコミュニケーションをとりたい」とか「英語ができたらカッコいい」とか、そんなシンプルで根源的なモチベーションだったりします。

具体的な数値にこだわると、この根源的なモチベーションを見失うことがあると思うんです。

本当は「外国人とコミュニケーションをとりたい」と思って英語の勉強を始めたのに、ＴＯＥＩＣ８５０点にこだわったあまり、「７００点だったからダメだ」って、やる気をなくしてしまったら？　そんなの元も子もないじゃないですか。

点数なんて無意味

ちょっと話が飛びますが、追記しておきますと、私は、ＴＯＥＩＣのスコアみたいな目に見えないものにお金や労力をかける必要はないという考えの持ち主なんです。

ＴＯＥＩＣの点数が高いか低いかなんて、傍《はた》からは見えないじゃないですか。

自分からあえて「ＴＯＥＩＣ８５０点持っています」って言うのもダサいですし、そんな見えないものに勉強の時間を割いたり、テキスト代や受験代を費やすのは効率が悪いと思います。

もちろん、「ＴＯＥＩＣ８５０点」という数値を、戦略的に自分のキャッチコピーとして使っていきたいなら話は別ですよ（同じようなスコアの人は山ほどいるし、それが自分独自のキャッチコピーになるかどうかは不明ですが……）。

そうでない場合は、道に迷っている外国人に自分から話しかけて英語で案内してあげる姿のほうが、本当に〝すごいな〟って思うし、それで十分だと思うんです。

目に見えないものにお金や労力をかけないといえば、家で使う化粧品もそう。

持ち歩く化粧品、つまり人の目につく化粧品はすべてディオールやシャネルなどのブランドコスメなんですが、自分が家で化粧するときに使うのは全部、ドラッグストアのプチプラコスメなんですよ。

家でどんな化粧品を使っているのかなんて、メイクを見ただけでは誰もわからない。私が「シャネルだよ」って言えばそれはシャネルですし、持ち歩いているものがシャネルなので、まさか今しているチークがキャンメイクの600円のものだとは誰も思わないですよね。
人生って、すべてそんな感じで良いと思っています。

キャバクラの仕事も、「○万円売り上げるぞ！」とか具体的な数値としてハードルを設定しないほうが、自分らしく続けられるように思います。

やめたい理由よりも続ける理由を探す

少し脱線してしまったので、話を〝継続すること〟に戻します。

私はたまたまコツコツ続けることが得意な性質でしたが、そうでない人もいるかと思います。そんな人に伝えたいのが、

「自分がやると決めたことを継続させるには、やめたい理由よりも続ける理由を探すことが大切」

ということ。

私は、やめたいと思ったときには、毎回「ここで諦めてしまったら、この先の人生においてあらゆる場面で妥協する習慣がついてしまう！」と自分に言い聞かせてきました。

〝これはやる！〟と決めたことをやめちゃったら、今後の人生も同じようなことの繰り返しになります。だから**やめる理由ではなく続ける理由を探そうって自分に言い聞かせながら、とにかく続けてきました。**

続けることに意識を向けて

今だって嫌になることはたくさんあります。投げ出したいと思う瞬間だって、何度も何度もあります。

でも、**やめる理由を言い訳のように並べる習慣は封印しました。**

やめる理由のかわりに続ける理由を探していると、やめる理由がとてもくだらないもののように思えてきます。その結果、続けることに意識が向くようになるんです。

受験勉強を諦めたじゃないか、と言われるかもしれませんが、あれは「やめたい」と思ってやめたのではなく、他に「これだ！」と思うこと（恋愛）ができただけ。言い訳がましく聞こえるかもしれませんが、自分の中では筋が通っているんです。

私はそうやって、やると決めたことを継続してきました。

継続することで「これだけ自分はやってきたのだ」という自信がつきました。

継続し、場数をこなす中で小さな成功体験をたくさん積んで、さらに自信をつけました。

そして、この自信がさらなる継続を生み、それが【桜井野の花】というブランドの核となったのだと思います。

「なんでやめたいのか」は後ろ向き。過去を見ています。「なんで続けるのか」は前向きで、未来を見ています。どっちのほうがいいですか？

Nonoka's voice

辛いときこそ
自分の長所を見失っちゃダメ。

人を妬《ねた》むのも僻《ひが》むのも暇だから。
だから私は暇をつくらない。

相手を納得させたかったら
正論なんて持ち出しちゃいけない。
相手にどのような利益があるかを
話すだけでいい。

仮に満足のいく結果が出なかったとしても
結果を出そうとしたプロセスを
認めてくれる人が必ずそばにいるはず。

もっと自分のことを大切にしようと思った。
自分のことを守れるのは
自分しかいないから。

私、女だけど
“奢《おご》られる”よりも“奢る”ほうが好きだし
“買ってもらう”よりも
“買ってあげる”ほうが好きだし
もし自分が前者だったら
後者になれるように頑張るよ。

私は男性に頼らなくても
自分の従業員ぐらいは自分で守れるし
責任なんて最初から全部
自分で背負うつもりでやってきたし
これからもそれは変わらない。

Nonoka's voice

みんなに頭が良いって言われるけど
本当は良くない。

諭吉のことが大好きだから
諭吉についてたくさん調べてただけ。

だって女の子はみんな
好きな人のことについて知りたいでしょ?

お金持ちになりたいなら
ダサいほうを選べ。

歌舞伎町のせいで傷ついたことも
失ったものも多かったけど
歌舞伎町のおかげで今の自分がある。

だから、今の自分にできる
精一杯のことをこの街で成し遂げたいよね。

CHAPTER4

【桜井野の花】を形づくるもの

ブランディングは〝自分を変える〟チャンス

誰もが心の中に〝なりたい自分〟のイメージを持っています。

でも、それになれなくて、今の自分とのギャップをどう埋めればいいのかわからなくて、見ないふりをしたり、もがいたりしているのではないでしょうか。

私は、自己ブランディングが、なりたい自分になるためのきっかけ、つまり〝自分を変える〟きっかけになると考えています。

自分をどうブランド化しようか、と考えた瞬間から、〝自分を変える〟行動は始まっているのです。

もうきっかけは芽生えている

おさらいになりますが、ここまでお話しした【桜井野の花】流、自己ブランディングの流れをさらっとまとめておきますね。

1）自己分析して〝勝てる〟場所を探す。
2）自分が〝勝てる〟場所で、これだと思うことを継続する。
3）継続が自信を生み、結果につながる。
4）結果にキャッチコピーをつけて発信する。
5）自分というブランドが定着し、より〝勝てる〟ようになる。

この好循環にうまくハマれば、自分らしく生きながら、無理なく頑張れる環境で〝なりたい自分〟になれると思うんですよ。

この本を読んだ方の中には、もうそのきっかけが芽生えています。

あとはもう、指1本分の後押しさえあれば、実践に移せるんじゃないかと思います。

その後押しになるかどうかわかりませんが、ラストとなるこの章では、【桜井野の花】を形づくる思考を中心に、これまでの章で触れられなかったところをお話ししたいと思います。

自分を売り出したい人だけじゃなくて、〝変わりたい〟と思っている人にもブランディングは有効。一歩踏み出してみませんか？

私が整形を公表する理由

よく、「なんで整形を公表してるの？」と聞かれます。

最初は〝可愛くなりたい〟という理由で始めた整形ですが、**今は【桜井野の花】というブランドイメージを構成する、ひとつのネタだと思っています。**

数か月連続でナンバーワンを続けたことや、ホスト通いをしていたことなど、色々なネタを出してきた中で、〝今このタイミングだったらメディアにも取り上げてもらえるだろう〟と思ったときに、整形していることを公言しました。

まあ、言うなれば起爆剤みたいなものですね。炎上商法に近いのかもしれません。衝撃的なカミングアウトで世間の関心を集めるという戦略的発信です。

世間ってけっこう飽きやすいですから、定期的にインパクトあるネタを発信しないと、注目を集め続けることはできません。テレビの世界で生きているプロの芸能人だって人気を保ち続けるのが難しいのですから、私たちのような素人の門外漢なんて、すぐに飽きられて、あっという間に世間に忘れられてしまう。だから、ネタは小出しにしていくのです。

〝こういう生き方もある〟

この整形ネタは、しばらくコンスタントに発信し続けようかと思っています。

整形の話は、親からもらい受けた容姿を否定することになってしまうので、親の気持ちが気がかりではありました。

でも、どうせ発信するのであれば、〝どこまでリアルに伝えられるか？〟ということにこだわって、**他の人が発信していない情報、つまりニッチなニーズがある情報を、事細かに徹底的に伝えていきたい**と思っています。

なお、私は整形に対して、肯定も否定もしていません。

もちろん後悔することもありますから、すべての整形をウェルカムだと思っているわけではありません。だからといって、やめたほうが良いと啓発する意図もありません。

単純に、〝こういう生き方もある〟ということを発信しているに過ぎないのです。

元々、自分の顔にコンプレックスがあって、小学校3年生くらいのときには、〝将来は整形しよう〟って決めていました。

当時、鼻の穴の大きさを学校の友だちにからかわれたことが、ずっとトラウマになっていました。だから最初に鼻の穴を小さくする整形から始めたのですが、一度、顔に手を入れ始めると止まらないんですよ。

特に好きな顔やなりたい顔があったわけではなく、流行に合わせて整形を続けていきました。要するに、世の中的に可愛いと言われている人の顔に寄せているだけ。

例えば、平行型二重が流行っていれば、私は末広型二重よりそちらを選びます。涙袋も流行っているから入れている。すべてがそんなノリで、深い理由なんかないんです。

かけた金額＝自信

結局、整形して可愛くなったかどうかというよりも、その整形にいくらお金をかけたかということで自信を得ているのですね。

お金をかけているので、〝可愛くなっていないわけがない〟と心理的な安心を得ているような、そんな感覚かもしれません。

整形費用が総額で２０００万円を超えた段階から、ＰＲモデルというかモニターのようなカタチで、無料で施術を受けるようになりました。

色々なクリニックから、〝整形の広告塔になってくれ〟という声がかかるんです。

でも、私の場合は整形にかけた金額がそのまま自信につながっているので、無料って全然惹かれません。ちゃんとした施術にちゃんとお金をかけて、その分の自信を得たいのです。

かけた金額の分だけ自信につながるというのは、ノーブランドの１０００円のリュックを背負うよりは、バーキンのバッグを持っていたほうが堂々と街を歩けるのと同じ理由です。

お金に換算したほうが、その価値はわかりやすいし、どうせ身につけるならば、価値の高いものほど安心できます。

１３０ページで、ＴＯＥＩＣのスコアとか家で使う化粧品とか、目に見えないものにはお金や労力をかけないと書きましたが、**目に見えるもの、しかもそれが自信に直結するものならば、お金はかけたほうがいい**というのが私の身上です。

ただし、整形をしようと考えている人にこれだけは言わせてください。

整形は一度やって終わりではありません。必ずその後のメンテナンスが必要となります。

メンテナンス料は、施術にかけた金額の3倍かかります。それを捻出できない人は、整形に向いていません。

私の場合、２０００万円以上はかけたから、メンテナンス料はその3倍の６０００万円超。自信を得るためといえども、ちょっと高すぎますかね（笑）。

整形を公開している理由は、世間の関心を集めるネタとして使えるから。整形を続ける理由は、かけた金額分が自信につながるから。

常につきまとう「不安」の2文字

　ぶっちゃけ、こんなにリアルな整形体験談をちゃんと発信できる人間なんて、そんなに多くはないと思うのですよ。実験結果を報告しているような感覚ですが、誰かの役には立っているのではないかと思っています。

　私は、整形に限らず、ホストとの関係や生い立ちまで、自分自身のことを生々しく発信し続けています。傍から見たら、中には〝そこまで公開する必要もないだろう〟って思う人もいるくらいの話まであけすけに、なんの躊躇もなく多くの人に伝えています。

　そこまでする理由には、もちろん、【桜井野の花】を売っていくためのＰＲ的な要素もありますが、それだけでなく**〝自分のことを伝えたい〟〝わかって**

もらいたい〟という願望が根本にあるのかもしれません。

実は私は、普通の人より少しだけ不幸な生い立ちを経験してきました。小学校2年生のとき、美容室のオーナーをしていた父親を亡くしたのですが、その際、3店舗目を構える直前だったせいか、かなりたくさんの借金が残されていました。

店を守るために母は必死で働いたのですが、1年も経たないうちに店を売りに出すことになってしまいました。店を売ったお金で借金は返済したものの、それからしばらくはかなり苦しい生活を送らざるを得ませんでした。

そのときに〝将来は絶対に金持ちになってやる〟と思ったのを覚えています。でも、当時の私には、これほど人生が豊かになるなんて確信はこれっぽっちもありませんでした。

ですから、**〝人生って、こうして大きく劇的に変わるのだ〟ということを、少しでもたくさんの人に伝えていけたら**と思っているところはあります。

特に今、苦しい境遇にいたり、辛い経験の真っただ中にいる人に、明けない夜はないということを知ってもらいたい。

〝頑張れ〟という言葉は、無責任で押しつけがましいじゃないですか。そんな意味のない言葉よりも、こんな私の生き方を知ってもらうだけで、少しだけ気持ちが和らいでくれたらいいなって思ったりします。

究極の〝かまってちゃん〟

ちょっと偽善者みたいなことを書きましたけど、SNSやブログ、ユーチューブなどあらゆるチャンネルを通じて発信を続け、自分の考えていることや人間性を伝えたいと思っている根本的な理由は他にもあります。

理由を突き詰めていくと、そこにあるのは「不安」の2文字。それを掲げているのは、寂しがりやの自分です。

派手に注目を集めたいというより、誰かに見守っていてもらいたい、それもできればたくさんの人に見守ってもらいたい。そんな気持ちが強いから、どんなに忙しくても、一人でも多くの人に発信したいという欲求がわいてくるんです。

90ページで「お客様にLINEを送るのは、自分のメンタルを保つためでもある」と書きました。これが掛け値なしの本音です。

言ってみれば、究極の〝かまってちゃん〟なんですよ、私。

よく、「キャバクラ嬢はすっぱり辞めて、経営に専念しないの？」と聞かれますが、少なくともお店に出ている限り、私に会いたいと思って来てくださる人がいらっしゃいます。その事実が私のメンタルを支えているんです。

まだまだ現場でちやほやされたいし、お客様が来てくださるという事実で不安を払拭したいんでしょうね。

〝人生って、こうして大きく劇的に変わるのだ〟と書きましたけど、それでも不安って払拭できないものなんですよね。それが人生。

いつだって そこは崖っぷち

「桜花」のオーナー社長となった当初は、「私がお店に出なくてもいいかな」とも思っていました。でも、結局、寂しさがわいてきたんです。

そもそも、「桜花」は私がキャストとして出勤しなければ利益が出ないようなお店でした。最初に店を預かったときには、毎月200万〜300万円の赤字が出ている状態。「こんな店、赤字だし」なんて文句もよく言っていました。

それが、私がいなくても徐々に利益を出すようになり、経営者としては嬉しい半面、なんかちょっと寂しい気持ちもわいてきました。

スタッフから、「もう週一のミーティングも野の花さんが出なくて大丈夫ですよ。休んでください」みたいなことを言われたときは、ものすごくショックを受けました。気を遣って言ってくれているのは、十分わかっているのですが……。

つまり、わがままなんですよ。現場に立って陣頭指揮をしたいとか、そんな経営者然とした話ではなく、寂しがりやで不安なだけ。

ネガティブは反動力

お店の経営については多少の浮き沈みはありますが、順調に推移しているとは思いますし、確かに私自身、昔よりは少しだけ有名にはなりましたが、だからといって〝なんとかなるだろう〟みたいな楽観的な感覚を持ったことは一度だってありません。

〝もう、これだけやってきたから大丈夫だ〟なんて思ったこともありませんし、安心して枕を高くして眠ったなんてこともまったくない。

私は常に自分を崖っぷちに立たせる人間で、そのほうが力を発揮するものだと思っています。なので、どんなときだって、自分が〝うまくいっている〟とか〝順調にいっている〟なんてとらえたことは一度もありません。

こういう性格を〝ネガティブだな〟って思うときもありますけれど、**ネガティブだからこそ生まれる反動力もある**と思うのです。

〝ハングリー精神〟って表現には違和感があるし、なんか古い。人を突き動かす原動力って色々あって、決してポジティブなものばかりではないと思うのです。

そういう自分の経験も踏まえて今、自分はネガティブだと思って行動を抑制している人に伝えたいのは、それが自分の長所にもなるんじゃないかということ。

ネガティブって、自分に二の足を踏ませるものじゃなくて、後押ししてくれるものなのかもしれないですよ。

ポジティブで未来志向の自分もいれば、ネガティブで崖っぷちに立ちたがる自分もいる。どちらかしかない人なんていないと思います。

常に自分をアップデートする

さまざまな目的や理由があって、常日頃から自分自身のことを発信（アウトプット）し続けている私ですが、同時にインプットも重要だと思っています。インプットのない発信は空虚というか、なんのクリエイティビティもないし、薄っぺらでフェイクな発信になりがち。ちゃんとした根拠がなければ、受け止める側の人も納得はしません。

インプットという点において、キャバクラは最適な環境です。

まだ駆け出しの頃には、たくさんのお客様から社会人としての基礎知識というか、政治や経済を含む世の中の仕組みみたいなものを学んできました。

大学に通うよりも勉強になるし、普通のアルバイトで得る「社会勉強」よりも、もっとディープでリアル。

だって普通の飲食店のアルバイトでは、学生の先輩スタッフとか先輩フリーター、良くても店長くらいまでの立場の人としか触れ合うことはありません。お客様とも、最低限のやりとりだけで終わるお店がほとんどです。

一方、キャバクラでは、小娘だった私でもさまざまな経営者の方々と話をする機会がありました。

お客様が安心して私に本音を語ってくださるので、柔軟に物事を吸収できるような時期に、生きた社会・経済知識を得ることができました。

インプットは積極的に

今は、自分も経営者の立場となって、これまで接客を通じて知り合ったお客様と、前よりは対等な立場で話ができるようになったし、中にはビジネスパートナーとしてワンランク上の関係が構築できるようなケースも増えています。

自分が経営するうえで非常に参考になる話をお聞きできるし、そこから新しいビジネスのアイデアが生まれることもあります。

知識をインプットする行為は、どんなに成功した経営者の方であっても、いや成功した経営者であればあるほど、変わらず積極的に行っています。

自分はもう学ぶことはない、完璧だと思った途端に衰退は始まります。

だって、世の中には自分が知らないことはたくさんあるのだし、これだけ時代の変化が激しければ、どんどん新しいサービスや技術、産業、情報などが生まれていますから。立ち止まったらすぐに置いてきぼりになります。

私が現場に立ち続けたいと思っているのには、こういう理由もあるのです。お客様からちやほやされながら、最新の情報に触れていたい。常に自分をアップデートしていきたいという意識があります。

アウトプットした分だけインプットする。こうやって知識の新陳代謝を繰り返し、自分をアップデートしていきたいと考えています。

アンテナ、張ってますか？

色々なところに、学ぶべきことやヒントがあります。

例えば昨年、『あなたの番です』（日本テレビ系／企画・原案 秋元康）というドラマがヒットしました。ドラマとツイッターを連動させるという新しい楽しみ方、つまり視聴者の新しいニーズを生んだエンターテインメント作品でしたね。

改めて、秋元康さんってすごいなって思います。いつでも時代の半歩先を行っている感じ。

私もそういう**新しい〝仕組み〟であったり、新しい商品やサービスを生み出したい**って、常々思っています。だから常にアンテナを張っています。

私には、画期的なアイデアを突然生み出せるような、そんな天才的なひらめきはありません。でも、天才的なひらめきはなくとも、新しいものはつくれると思います。

世の中を見渡してみても、既存の何かと何かが結びついて、新しいサービスが生まれたり、これまであった商品が少し進化して、新しい機能が追加されるというケースが多いですよね。

イノベーションって結局、ゼロから生まれるのではなく、組み合わせのセンスだと思います。

新しさ×自分の特性や強み

そういった意味では、アンテナを広げて世の中の〝新しい〟をキャッチしながら、市場では何がウケているのかを分析し、そこに自分の特性や強みを掛け合わせて、これまでになかった切り口で何かを生み出すという能力が重要なのかもと思います。

自分の特性、すなわちブランドを生かした新しい商品やサービスを生み出すのが正解だとは思いますが、【桜井野の花】のブランドを展開するとなると、どうしてもキャバクラ業界であったり、歌舞伎町界隈に限定されてしまいます。

その枠組みを超えて、ブランドを生かす方法はないかと、最近は少し違ったアプローチで考えているんです。

まだ全然カタチにすらなっていないアイデアではありますが、最近は〝フランチャイズがいいかな〟って漠然と思っていたりします。

フランチャイズをする本部側に回って、たくさんのフランチャイジーをつくって管理をしていくか、大手と契約してフランチャイズされる側になるかは決まっていません。

どっちにしろ、自分のブランドは生かしたいと思っていますし、それを限定された業界や地域でなく、もっと広く通用するようなサービスへと進化させる必要はありますけどね。

ちょっと狙っているのは、学習塾のフランチャイズ。

ユーチューブでの私はインテリな雰囲気で押しているし、大卒のキャバクラ嬢、もしくはキャバクラ経営者という肩書きが生かせるのではないか、案外話題になるのではないかと考えています。

結局、どれだけ新しい何かを始めようとも、**【桜井野の花】というブランドからブレずにいることが重要**ですよね。

一人で考えていても限界があるので、接客を通じて知り合ったお客様、すなわちたくさんのブレーンとともに意見交換をしながら、あまり自分の本筋から逸脱しないカタチで広げていくのが現実的ではないかと思っています。

> 【桜井野の花】というブランドと何が結び付けば面白い切り口が生まれるか……まだまだ模索中ですが、考えるのは楽しいですね。

自分のどこにお金を使うか？

キャバクラで出会ったお客様から学んだことはたくさんありますが、そのうちのひとつに〝お金の使い方〟があります。

キャバクラ嬢として駆け出しの頃、ヘルプで在籍していた店に、こう言ったら失礼ですが〝身なりが貧相〟なお客様がいました。バッグも持たず、財布はコンビニのレジ袋とかに入れている。でもその方は、いつもＶＩＰルームに入っていくんです。

その経験から、お金を持っている人が必ずしも身なりにお金をかけるわけではないのだと理解しましたし、それからは**人の本質的な部分を見よう**と思うようになりました。

接客経験を重ねるたびに世の中には色々な価値観の方がいることを実感しますが、お金の使い方はその最たるものです。

浪費から投資へ

私はどちらかというと成金体質なので、アフィリエイトで大きなお金を手にしたときは、パーッと使っていたんです。自己投資に使おうなんて1ミリも考えず、ホストクラブでガンガン散財していました。

今思うとそれは、アフィリエイトで入ったお金を、自分で汗水たらして稼いだお金とは別のものとして認識していたからだと思います。

〝一発当てちゃった〟〝宝くじが当たってラッキー！〟みたいな感覚に陥って、これまで我慢していたというか実現できなかったことを、お金の力で実現しようとしたんですよ。モテたかったけれどモテなかった過去があるから、お金の力で、その願望というか欲望を満たしたのだと思います。

その後、しばらくキャバクラ嬢として頑張って、ある程度、自分自身の力で安定的に稼げるようになったら、今度は自分の欲を満たすためだけにお金を使うのではなく、接待の場で使うようなことが多くなりました。

人に投資するという感覚で、〝この人と仲良くなっておけば、将来的に役に立つ〟と予想できる人と関係性を深め、人脈を広げるためにお金を使うということにシフトチェンジしていったんです。

同時に、メイクやファッションなど、**自分自身へ投資**するようにもなっていました。

容姿にお金をかけようと思い始めたのは、人脈を広げるために色々な人と関わるようになったからなのかもしれません。そういうときの〝見せ方〟って大事ですからね。

人からの信頼を得るために、メイクやファッション、接待費などにお金をかけることは浪費ではありません。それは立派な投資です。

ただし、自分の収入に応じた額を超えたら浪費です。

リターンを求めるあまり、分不相応な先行投資にお金をかけることは、自分を大きく見せることと同じです。そんなことをしていても、期待するリターンを得られないどころか自分の首を絞めることになります。

なぜ、そこにお金をかけるのか。なぜ、それだけお金をかけるのか。

そう意識するだけでも、お金の使い方はガラッと変わっていくと思いますよ。

〝身なりが貧相〟なお客様は、身なり以外の何かに投資されていたのでしょうね。何に使うか、そこに人の本質的な部分が表れます。

お金は〝個性〟のひとつ

お金の使い方を変えた頃、人って結局、お金を持っている人に集まるということも理解しました。もっと正確に言えば、お金を持っている人ではなく、お金を稼ぐ能力を持っている人に群がりやすい。

私が大きなお金を手にするようになって、最初は、〝お金があるから人が寄ってきているんだ〟〝なんか嫌だな〟と苦しく思うこともありました。

でも、目が大きいとか鼻が高いとか社交的だとかと同じく、〝お金を稼ぐ能力に長けている〟っていうのも個性のひとつ。そう思えるようになったら、急に色々なことが楽になったというか、割り切れるようになりました。

お金はとてもわかりやすい尺度です。〝優しい〟とか〝キレイ〟とか、そういう個性は数値化できないから目に見えないけど、お金を稼ぐ力は数値として〝見える化〟しやすいじゃないですか。

だから、**人が集まってくるのは、数値としてわかりやすい個性を評価している**と思えばいい。

お金で安心感を買っている

あと、**お金で人が動くというのは、むしろ安心なこと**じゃないかとも考えるようになりました。

例えば、ホストクラブでは、お金こそが私とホストをつなぐ唯一の絆です。

だから、気持ちだけでつなぎとめているより、お金を使ったほうが安心感があります。お金を使っている限り、私のことを裏切らないだろうとか、お金を使っている私にひどいことをしないだろうって、その安心感をお金で買っているのです。

むしろ、お金を使っていないのに私のそばにいる男性なんて信用できないし、いつか離れていくんだろうなって漠然と思ったりもします。

お金の余裕と気持ちの余裕は間違いなく比例しています。お金を稼ぐ能力があることは自信につながるし、お金で安心感が買えるからです。

人間って、自信と安心感があれば、自己肯定感が高まるんですよ。自分で自分のことを肯定できるようになると、誰かの評価に振り回されることがなくなる。

「他人が何を言おうが、私は私」と強く思えるし、自分の人生を自分の選択で切りひらいていけるようになるんです。これ、人生においてものすごく重要なことじゃないですか？

ただ、全員が全員、お金によって自己肯定感を得ることができるとは思いません。お金を持つことによってトラブルに巻き込まれたり、「自分が持ってるお金に価値があるだけで、自分自身には価値がないんだ」と逆に自己肯定感が下がってしまうケースもあるかもしれません。

でも、私にとってお金（を稼ぐ力）は、自己肯定感を高めるための基盤です。

私は本来ネガティブな性格だし、昔は本当にすごく内気な子でした。お金が私に自信と安心を与えてくれているのは間違いありません。

余談ですが、今一番不安なのが、紙幣に価値がなくなったらどうしようかなってこと。

結局は、お金って単なる紙切れじゃないですか。世の中の仕組みや価値観が覆ってしまって、貨幣価値が限りなくゼロに近くなったら、私の価値も同じように下降線をたどるのかと思うと、ちょっと不安になりますよね。そこに対するリスクヘッジは、さすがの私も思いつきません……。

まあ、お金にはトラブルもつきものです。でも、〝トラブルが起きたら、そこから学んで元をとる〟というふうに今は考えています。

私のモチベーションってなんだろう

面白いもので、あんなに〝お金があったらホスト！〟と思っていた私が、今はまったく変わってしまいました。

人脈づくりや自己投資に使うと同時に、**お金に余裕があったらお店の内装に使ったり、従業員に還元したいと思っている**んですよ。

あらゆる水商売の中で、もっとも高い給料を払ってあげたいとか、あるいは従業員を夜の仕事ではなく昼の仕事へとチェンジさせてあげたい、日の当たる場所へ連れて行ってあげたいって思ったりします。

そのためには、キャバクラ経営だけでなく、もっと違ったビジネスにチャレンジしていくべきだろうなと考えながら、〝じゃあ、ウチの従業員たちが活躍するにはどんな業種が良いか？〟と模索しています。

どんな業種でも、欲深くなりすぎずに、原点に立ち戻って、ブレないようにしていけば、きっとうまくいくと思うんですよね。

私の原点は「お金を稼ぐ」ことです。そこから派生していたのが「お金を稼いでナンバーワンになって、あのホストを見返してやりたい」という思いだったことは、32ページで書きました。だから、原点に忠実に考えるなら、ホストクラブを運営して、これまで使ったお金を回収したいとも思います（笑）。

でも、今は**「お金を稼ぐ」ことが「好きな人たちを幸せにしたい」という、すごくシンプルな思いにつながっている**ことに気づいたんですね。

好きな人、というのは何も家族やパートナーだけではありません。私にとって、自分の店で一生懸命に働いている従業員もそうです。自分とかかわっている人であったり、ウチの従業員は幸せにしたいと思っています。

できる範囲に愛情を届けたい

一人の人間が幸せにできる人数って限られていますよね。よく「世界では今、何秒に一人の子どもが死んでいる」なんて話を聞いて、かわいそうで胸が痛くなるけど、私個人の財力では全員を救うことなどとてもできません。

そう考えると、私は今の**自分ができる範囲で自分の必要なところに必要な愛情を届ければいい**のではないかと思うのです。

お店を持ってチームをつくってやっていくのは本当に大変です。本音を言えば、自分一人でやっていくほうが気持ちのうえではとても楽だし、私は副収入もあるのでお店が潰れたところであまり困らないんです。

それでもお店を続けたいって頑張るのは、まず〝目の前の従業員や関係者のために〟という気持ちがあって、さらにもう少し視野を広げて、自分を成長させてくれたキャバクラや歌舞伎町という街のイメージを変えたいという思いがあるからです。

今のままでははっきり言って、キャバクラ嬢やボーイさんたちに明るい未来があるとは言えません。

だから、私の存在が実業家やビジネスパーソンとしての道や可能性を示す一助になれば嬉しいし、水商売をしていた人でも、真面目な人やしっかりした人がいるという発信を続け、全体的なイメージが変わったらいいなと思います。この本を書いたのもその一環と言えるかもしれません。

〝自分のため〟から〝好きな人たちや好きな街のため〟へ。もちろん、ホストに使いたいという気持ちもまだまだありますよ（笑）。

歌舞伎町の伝説になるよりも

これまでにも、多くのカリスマキャバ嬢と呼ばれる方々がいらっしゃって、この業界にスポットライトを当てようと努力されてきました。

例えば、立花胡桃《くるみ》さんは、『ユダ』という書籍を出版して（映画化もされました）、テレビの情報番組のコメンテーターとして活躍されました。今でもやっぱり、「伝説のキャバ嬢」として何かと話題にのぼる方です。

あとは朝倉いずみさん。私は存じ上げていなかったのですが、今から10年以上前に「歌舞伎町の神様」と呼ばれていたそうです。すごいのが、10年以上前に活躍されていた方にもかかわらず、この間ユーチューブで見た「歴代人気有名キャバ嬢」という動画で、1位の愛沢えみりさんに次いで2位に選出されていたんですよ（ちなみに3位が私です。嬉しいけど照れちゃいます・笑）。

10年以上前に活躍された方が、いまだにこうして語り継がれているって、本当にすごいことですよね。歌舞伎町やキャバクラを愛し続ける多くの人たちの記憶の中に刻み込まれていて、ずっと影響を与え続けているってことです。

これも何かの縁なのです

私も〝そうなりたい〟という気持ちはあります。でも、それと同時に、そこにハードルの高さを設定してしまうのも違うかなって思うんです。

129ページで「最適な高さというのは、〝あいまい〟なままでいい」「それでこそ、自分らしく跳べる」と書きましたが、私のハードルの設定値っていつも「家族とか、私が幸せにしたいと思っている人が健康でいられますように」くらいのノリなんですよ。

これは、決してキレイごとでもなく、根拠のないデカい夢でもなくて、けっこう真剣に考えていること。

ちょっと古い考え方かもしれませんが、縁って大切にしたいじゃないですか。

自分の家族や、自分が雇ったスタッフ、お店で知り合った子も**何かの縁があって、こうして出会っている**わけなので、やはり幸せにしてあげたい。

さらにこの街で働いているのも、それもまた何かの縁なのです。

もちろん、この本を手にとっていただけたのも、何かの縁。

最後の章は少し、ブランディングから離れてしまいましたが、私が今、考えていることをすべて正直に書きました。

本当に私が発信したいと思っていたことが皆さんに伝わったら、こんなに嬉しいことはありません。


これからまた考え方は変わっていくのかもしれません。発信は続けていくので、変化する【桜井野の花】に乞うご期待♡

あとがき

あとがきで書くなって話ですが、私には常に迷いがありました。

選択を迫られるたびに、〝自分のブランディングにとって、これが正解なのか不正解なのか〟と迷っていたのです。

これまで、さんざん上から目線でブランディングの方法を語っておいて、〝何をいきなり弱気な発言を⁉〟と思うでしょうね。〝確信的な戦略で【桜井野の花】というブランドを確立してきたんじゃなかったの⁉〟という皆さんのツッコミが聞こえてくるようです。

私は、こっちに行こうか、あっちに行こうか、迷いに迷ってここまで来ました。

〝軸〟となるものはありましたが、それでも迷うときは迷うんです。

でも、選択を重ねていくうちに、それが正しいのか間違っているのかと迷うことには意味がないと気づいたんです。

どんな選択にも、正解なんてないのです。

どんな選択をしたとしても、自分がそれを正解にすればいいだけ。

自分の選択に良し悪しはないし、選択自体はただの分岐点でしかありません。自分にできることは、その先に正解だったと思えるように生きていくことのみ。今は、時代が変化する速度が速くなっているし、その都度、求められているものも変わります。あの選択は失敗だったって後悔している暇なんてないし、そこに戻ることもできません。

基本ネガティブな私ですが、自分の選択はすべて肯定して生きていきたいと思っています。

最後に、この本を手に取ってくださったすべての皆さんに心からのお礼を。皆さんが自分の個性を生かして輝くために、この本が何かの一助となれば幸いです。

２０２０年２月　桜井野の花

桜井野の花（さくらい ののか）

19歳で歌舞伎町のキャバクラデビュー、たちまちNo.1に。キャバクラ「桜花」「花音」のオーナー社長として経営に携わる一方で、自らもキャバ嬢として95か月連続No.1を誇る（2020年1月現在）。2018年、雑誌『小悪魔ageha』の読者投票による表紙争奪総選挙で初代女王の座に。SNS（インスタグラム・ユーチューブ・ツイッター）のフォロワー数は合わせて50万を超える。本書が初めての著書。

■ユーチューブ　桜井野の花TV　■ツイッター　@nonoka199148
■インスタグラム　@nonoka199148

編集協力　伊藤秋廣（エーアイプロダクション）
撮影　木村智
ヘアメイク　鈴木智枝
撮影協力　神棒英也
装丁　坂川朱音
本文デザイン　坂川朱音＋田中斐子（朱猫堂）

「一番《いちばん》」という生《い》き方《かた》
95か月連続《げつれんぞく》No.1を続《つづ》ける私《わたし》の自己《じこ》ブランディング術《じゅつ》
2020年2月29日　初版第1刷発行

著　者　桜井野の花

発行者　田邉浩司
発行所　株式会社　光文社
〒112-8011 東京都文京区音羽1-16-6
電　話　編集部 03-5395-8172　書籍販売部 03-5395-8116
業務部 03-5395-8125
メール　non@kobunsha.com
落丁本・乱丁本は業務部へご連絡くだされば、お取り替えいたします。

組　版　萩原印刷
印刷所　萩原印刷
製本所　ナショナル製本

ISBN978-4-334-95138-2